NYMUS

VIVRE et *REVIVRE*

*

Odyssée de l'âme hors

Témoignage

Odyssée de l'âme hors

...la vie est plus puissante que la mort. Elle la domine comme la plénitude triomphe du vide, comme l'être abolit le néant...

© **G. Nymus**

Le Code de la propriété intellectuelle n'autorisant, aux termes des paragraphes 2 et 3 de l'article L. 122-5, d'une part, que les « copies ou reproductions strictement réservées à l'usage privé du copiste et non destinées à une utilisation collective » et, d'autre part, sous réserve du nom de l'auteur et de la source, que les « analyses et les courtes citations justifiées par le caractère critique, polémique, pédagogique, scientifique ou d'information », toute représentation ou reproduction intégrale ou partielle, faite sans le consentement de l'auteur ou de ses ayants droit ou ayants cause, est illicite (article L. 122-4). Cette représentation ou reproduction, par quelque procédé que ce soit, constituerait donc une contrefaçon sanctionnée par les articles L. 335-2 et suivants du Code de la propriété intellectuelle.

DU MÊME AUTEUR

LE JOUR OÙ LA TERRE S'EFFONDRA SOUS MES PIEDS
Récit
7 écrit Editions - 2017

***RENAÎTRE* –**
Récit
AMAZON - 2023

À Charlotte, Michel et Emile

Prologue

Parce que toute vie est un défi à relever...

Je vous propose de découvrir, dans ces pages, la vie de celui qu'ici nous appellerons Micael. C'était mon jeune frère.

Il s'agit pour une part de l'existence que nous avons vécue ensemble, au sein de la même fratrie, de sa naissance à sa mort prématurée à l'âge de vingt-quatre ans. Mais surtout des événements qu'il a vécus *avant* et *après*.

Micael a joyeusement grandi au milieu de nous avant de nous quitter, un après-midi d'été torride, au milieu du gué de notre intrépide croisière familiale, revêtant alors aux yeux de tous le costume d'un colosse existentiel.

Comme vous, comme moi, comme nous tous, Micael est un être qui nous vient des premiers âges de notre monde et qui poursuit sa route, d'étape en étape, sur son propre chemin.

Sa vie comme sa mort ont marqué profondément tous ceux qui ont eu le privilège de vivre auprès de lui. Et elle continue aujourd'hui, sous une forme différente.

J'ai eu la chance d'être son aîné, un peu son mentor à l'époque où, lui-même adolescent, je l'aidais à préparer ses épreuves de français, d'anglais et de philosophie au baccalauréat. Il n'était pas franchement littéraire. Mon aide lui fut d'un réel secours. De même, plus tard, lorsque nous *trimions* d'arrache-pied, l'un et l'autre pour décrocher nos palmes universitaires, chacun dans son domaine, lui, les sciences médicales, moi, les sciences humaines, nous partagions allègrement nos peines comme nos réussites. Enfin lorsqu'il est parti sur des voies aventureuses, dont nous ne l'avons pas vu revenir, et qu'il nous a tous laissés là, désemparés, minéralisés dans notre chagrin...

En plus d'être brillant, Micael était drôle, affectueux, travailleur infatigable, discret et singulièrement beau. Il venait d'épouser une jeune femme également brillante et distinguée, tous deux prêts à fonder une famille qui ne pourrait qu'être admirable. Son départ nous laissa tous atterrés.

Comment comprendre ou justifier un drame aussi injuste ?

Cette question n'a cessé de me tenailler au long des années suivantes, jusqu'à cet incommensurable bonheur, qui m'a été accordé, de communiquer avec lui, au cœur de l'univers qu'il avait regagné ce 12 juin 1976. Alors, j'ai pu apprendre l'être qu'il fut et les périples qu'il a traversés avant de venir jusqu'à nous puis de devoir repartir vers ses autres cieux, là où il m'a entraîné.

L'envers du miroir de nos existences m'a ainsi révélé plus qu'un autre univers : la prodigieuse multiplicité des champs de nos expériences à travers des systèmes de réalité incroyablement plus riches que tout ce que nos imaginations limitées pourraient supposer.

Ce récit n'a d'autre but que de partager avec vous quelques unes de ces découvertes. Elles vous surprendront sans doute, comme elles m'ont déconcerté. Rassurez-vous, elles n'ont pour but de vous livrer aucun message prophétique : pas de leçon de vie ni de morale ; pas de dogmes nouveaux ou de croyances extraordinaires, pas plus que de philosophie édifiante. Je vous présente ici le fruit de mes expériences, de modestes apprentissages accompagnés de simples notes de voyage.

J'y ajoute une observation que j'ai pu faire et qui m'a convaincu : il n'y a que l'amour pour alimenter le moteur de nos existences. L'amour sans condition. Absolu. Gratuit. Dépourvu de contrepartie. Sans autre nécessité que celle d'offrir et de se donner.

Là réside l'essence de nos vies. Origine et fin. Alpha et Omega.

Le reste est pour le *fun* - selon la terminologie actuelle que Blaise Pascal exprimait par le mot : *divertissement*.

*

1 – Micael

Mon second frère vint au monde trois ans après Jean-Benoît. Il s'appelait Micael. Nous étions au mois de mai de l'année 1952.

Cette fois, nous l'avons tous bien vu arriver. Mes sœurs surtout, intriguées par le ventre rond de notre mère qui nous l'avait annoncé comme la cinquième merveille de notre famille. Impatients de découvrir ce nouveau venu, nous l'avons tout de suite adopté comme le petit dernier adoré. Mes sœurs prêtes à être leur seconde et troisième maman. Moi, en *grand frère,* très fier de lui et bien disposé à placer sous mon aile protectrice ce petit nouveau, mon cadet de cinq ans.

Ce qui nous a tous pris de court, c'est la brutale et violente maladie qui s'est abattue sur le petit Micael un jour de septembre. À seulement quelques mois, Micael fut brutalement secoué par une série de convulsions, s'étouffant dans son berceau en proie à la crise d'asthme massive. Notre mère se précipite ; nous ne la voyons pas revenir.

En train de se raser devant l'évier, mon père s'essuie promptement le visage, enfile d'un geste sa chemise puis se précipite dans l'escalier en quête d'un médecin. Pendant ce temps, notre maman tient Micael contre elle, entre ses bras, tentant, comme elle peut, de le calmer.

Sitôt arrivé, le médecin sort une seringue et une ampoule dont il injecte le liquide dans le corps de notre frère. La crise s'estompe.

Il se calme. Mes parents restent enfermés longuement avec le docteur dans la chambre. Nous percevons les murmures de leurs voix sans entendre ce qui se dit. Nous attendons, attendons, attendons encore jusqu'à une heure avancée de la soirée. Finalement, la porte s'ouvre. Mon père tient dans la main une ordonnance avec laquelle il descend chez le pharmacien, au bas de notre modeste trois pièces.

Ma mère a le visage décoloré. Elle ne dit rien mais son regard exprime l'ampleur de son inquiétude. Son fils chéri vient de choir entre les mors d'un étau menaçant de lui broyer la poitrine et d'aplatir ses frêles poumons comme une crêpe. Le mal est sournois, durable, et on ne dispose pour le combattre que de médicaments en cours d'expérimentation. Aucun traitement éprouvé.

Ici, de la position que j'occupe au moment où je visualise ces séquences, je distingue le désarroi de ma mère, Charlotte, et la combativité de mon père, Émile, bien décidé à tenter l'impossible pour sauver son fils.

Ce dernier se met à retourner ciel et terre en quête de tout avis médical salutaire. Un médecin préconise le recours aux rayons ultra-violets.

Micael est exposé une fois par semaine à la lumière bleue d'une haute lampe sur pied, qui dégage, en même temps qu'un ronronnement sourd, une odeur très particulière emplissant notre petit appartement d'effluves fétides. Les résultats restent modestes. Les poumons de notre frère émettent en permanence un sifflement inquiétant.

Quelque temps après, un peu avant Noël, grâce à un collègue de travail possédant une traction Citroen, mon père décide de conduire Micael à la grande métropole universitaire où un spécialiste des voies respiratoires va l'examiner. Je suis du voyage.

J'ai six ans et demi. Mon père m'a jugé en âge de supporter les cent kilomètres du trajet. Ce sera ma première immersion dans une grande ville. J'y découvre une foule d'automobiles. Un impressionnant agent de police, doté de superbes gants blancs, trône au milieu d'un carrefour, juché sur un gigantesque promontoire lui permettant d'appréhender de loin les véhicules et d'en terroriser les conducteurs en les admonestant sous ses coups de sifflet stridents. Je suis épaté.

On ne me tolère pas dans l'antichambre du cabinet médical ; je suis donc assigné à patienter en bas, sous le porche d'entrée de l'immeuble, un temps infini. Interminable. Le ciel est bas. Un vrai ciel de décembre, triste, englué dans le froid et le brouillard. L'attente s'éternise. Le temps est long dans la solitude et l'ennui...

Lorsque mes parents redescendent, portant Micael dans leurs bras, ils sont muets. Le médecin ne leur a donné aucun des espoirs qu'ils escomptaient.

Retour chez nous dans un silence morose. Assommés de fatigue. Le trajet n'en finit pas. Derrière la vitre du « taxi », il n'y a rien à regarder. Plus de paysage. Tout est noir. Nous finissons par atteindre notre petit logis à la nuit bien avancée.

Pour mes deux sœurs et mon frère Jean-Benoît, restés à la maison sous la garde de notre grand-mère Maria, la journée a aussi duré une éternité. Leurs regards tendus vers nous expriment leur longue et anxieuse attente. Noël est tout proche, mais nos cœurs ne sont pas à la fête. Une sourde angoisse plane. Le peu d'argent dont disposent nos parents est mis au service des soins prodigués au petit frère. Pas de vrai Noël pour nous cette année-là.

Nous nous en passerons.

Ici

Pardonnez-moi.

Sans ménagement, je vous ai conduits dans un épisode de mon lointain passé dont vous ignorez totalement le contexte. Je vous dois quelques éclaircissements. Les voici.

Au moment où ma conscience visionne ces images de mon enfance, mon corps, lui, n'est pas avec moi. Plongé dans une puissante anesthésie générale, il est livré aux mains de chirurgiens qui tentent, avec une expertise dont je ne connais encore ni l'étendue ni les résultats, de me débarrasser d'une redoutable pathologie. J'en connais les risques. À leur évocation, mon courage a chancelé. Ainsi, livré à mon sort, je m'offre ce que les néo-scientifiques, en bas, sur notre douce Terre, appellent une *NDE – Expérience aux portes de la mort*.

De fait, j'ignore si je suis réellement « *aux portes* » de la mort. Mais la rupture momentanée avec mon enveloppe charnelle me laisse un temps de repos indéfini que j'entends mettre à profit pour en apprendre un peu plus sur ces arrière-plans de ma vie dont j'ai une idée très abstraite mais dont j'ignore, en fait, l'essentiel.

Comme vous l'avez compris, un de ces épisodes – le plus crucial peut-être – se rapporte à mon jeune frère Micael. Né cinq ans après moi, ce frère a vécu avec nous, au cœur de notre famille, des moments et des péripéties qui nous ont tous profondément et durablement impressionnés. Partiellement résumés ci-avant, je vais pouvoir en découvrir les arrière-plans invisibles à nos regards de vivants incarnés.

Je vous invite à les parcourir avec moi.

Anne Hestésie

Ce n'est qu'un jeu de mots. Pas le meilleur, je le confesse. Mais curieusement, lorsque je vis ces instants graves, j'ai presque le cœur à rire. Allez savoir pourquoi...

Ayant glissé dans la gouttière à laquelle mon bras gauche est ligoté, une seringue de la taille d'une bouteille de soda, remplie d'un liquide jaunâtre, l'anesthésiste me dit, la voix chargée d'une généreuse chaleur : « Vous êtes prêt ? » Ai-je le choix...? J'acquiesce. Il ajoute : « Vous allez compter jusqu'à dix, mais vous dormirez avant d'avoir terminé. »

Sensible à la bienveillance flottant dans son regard et dans sa voix, j'opine en lui rendant son sourire avant d'égrener mentalement : « un, deux, trois, quatre, cin... » La seconde suivante, ma conscience s'est décollée de mon corps comme la peau d'un oignon. Je flotte déjà. Ma tête se rapproche d'un plafond blanc, nuageux. Je me redresse. Sous moi, un large drap vert recouvre et dissimule presque entièrement l'enveloppe corporelle totalement inerte que je devine comme mienne, livrée à des mains et des outils déjà occupés à leur besogne.

Les chirurgiens en combinaison bleue ont la tête penchée au-dessus de leur ouvrage. Les assistants s'affairent, exécutant des ordres brefs et secs. Mon attention est attirée par trois personnages légèrement en retrait, bizarrement vêtus, qui observent sans bouger les rituels techniques d'une danse apparemment bien rodée. Placides, ils semblent totalement extérieurs à la scène en même temps qu'ils n'en manquent pas une miette. Drôles de superviseurs.

Micael ! C'est à lui que je pense à cet instant précis. J'ignore alors pourquoi. Si, je sais : me revient à l'esprit l'incident qu'il m'avait raconté, ses débuts foudroyants au bloc. Sa première participation à une intervention chirurgicale. Il avançait alors dans ses études de médecine et n'a pas tenu cinq minutes autour de la table d'opération : tournant de l'œil, il a dû être évacué. Baptême du sang inondé d'émotion. Délicat souvenir de ses débuts dans la carrière médicale.

Pas le temps d'épiloguer, je suis déjà ailleurs. J'ignore où et ne m'en soucie pas. Mais l'image de Micael persiste en moi, enkystée. Elle me suit là où je vais.

Angelo

L'instant d'après – le terme d'*instant* ne décrivant que très imparfaitement un délai que je situerais quelque part entre la milliseconde et l'année-lumière –, je suis auprès d'Angelo, mon *coach* spirituel. Ou plutôt, Angelo est venu à ma rencontre. Sans prononcer un mot, son cœur instille en moi une parcelle de tendresse absolue qui m'envahit. La confiance née sous la seringue anesthésiante trouve ici, auprès de mon guide, son achoppement libérateur. Je m'abandonne à elle sereinement. Nous nous rendons ensemble sous un ciel de verdure qui émet quelque chose de l'énergie des forêts humides de Marojely ou d'Andohahela, à Madagascar. Des effluves du massif de Kapcherop et de Kakamega en profitent pour venir effleurer ma mémoire. La silhouette d'un immense pachyderme se dandinant au côté d'un petit homme accablé, envahi de doutes, suspendu à une montagne qu'il hésite à escalader — mon ami Antiébo — s'y profile fugacement... Voilà que je revis les émotions de mes compagnons d'écriture à présent !

Tandis que je repousse ces images, Angelo me laisse prendre place parmi les orchidées, écoute patiemment mes questions et s'installe posément sur un banc de pierre, au bord de l'eau.

Oui, je dois rester serein. Non, il ne répondra pas à mes interrogations angoissées sur l'évolution de ma santé. La confiance. Cela doit me suffire.

En effet, les bizarres personnages qui hantaient le fond du bloc opératoire étaient bien nos amis : Marc et Edgar, médecins du ciel. Le troisième est bien Micael. Mon propre frère, venu assister son aîné — votre serviteur — souffrant, dans un moment délicat pour lui, et surtout pour la remise en état de son organisme affecté.

Je ne me suis donc pas trompé. C'était bien lui. Refluent à mon esprit ces instants de notre vie commune sur lesquels je n'ai cessé de m'interroger. Inutile de fournir de longue explication, Angelo sait ce que je veux lui demander ; il me l'a immédiatement accordé : voir et tenter de comprendre l'énigme du destin de mon cher Micael.

C'est ce que je veux entreprendre, avec son assentiment.

Je vais à présent tenter de rendre compte des étonnantes découvertes auxquelles — après avoir livré mes chairs à un profond charcutage — l'anesthésie a donné lieu.

Aurez-vous le cran de me suivre et, surtout, de me croire ?

Naissance de Micael

Un peu plus tard, installé avec mon guide face à *MART*, la machine à revivre le temps, sans voix, je contemple la succession des événements qui ont suivi la naissance de mon petit frère Micael. Dramatiques et inquiétants, ils se déploient devant nous et sur l'écran fluide qui m'en offre la visualisation, sous les diligents auspices d'Angelo.

C'est la première fois que je les perçois sous cet angle, à partir d'un tel point de vue.

Renoncement

La lourdeur de cette fin d'année 1953 s'impose inlassablement à mon regard et prend possession de mon être tout entier. Je me sens subitement angoissé : le petit Micael est en train de renoncer à vivre. Il recule devant le mal qui l'oppresse ; il lui cède la place. Il ne lutte pas et semble se laisser couler dans la vague qui cherche à l'emporter. La lourdeur qui s'impose à nous tous, mes parents, sœurs et frères, qui noue nos gorges et nous installe dans un climat de prostration, c'est la démission de Micael face à la vie. Elle nous paralyse et anéantit nos espoirs. Quel Noël pour une famille quand la mort rôde autour du berceau du dernier né ?

Nous sommes tous intérieurement brisés d'impuissance. Je l'éprouve en ce moment, seul face au spectacle de notre passé. Moi-même, ici, plusieurs décennies après, je me sens sonné, moulu, défait.

Alerte

Un mouvement de recul me conduit à regarder subitement en bas : sous moi, la *salle d'op* vient brutalement de s'animer. Les *moniteurs* se sont mis à biper. Une voix forte clame des ordres fermes. Deux assistants, qui semblent être des internes, s'agitent et tendent plusieurs objets aux chirurgiens. Je cherche des yeux mes thérapeutes astraux. Marc est toujours là. Edgar également. Mais mon frère, Micael, a disparu. C'est lui que je désirais voir, espérant ainsi m'arracher à la torpeur de la scène précédente.

Micael a dû le sentir. À moins qu'on l'ait dépêché des besoins de mon corps aux angoisses de mon esprit… Comme attiré par les sentiments qui m'agitent, il surgit subitement près de moi.

Pendant ce temps, dans mon enveloppe de chair ouverte entre les mains des deux chirurgiens, mon cœur s'est emballé, affolant tout le bloc opératoire. Marc et Edgar sont aux manettes. En fait, ils ont prié Micael de filer me rejoindre pour me calmer, puis ils ont raccordé le corps éthérique de mon système cardio-vasculaire à deux canaux par lesquels ils me transfusent des vagues d'énergie verte et bleue. Mon cœur retrouve docilement son rythme régulier. Je m'apaise. Fin de l'alerte.

La joviale affection fraternelle de Micael réchauffe instantanément mon âme et chasse la lourdeur qui s'y était installée. Arborant son immense sourire, il me serre tendrement dans ses bras et, sans autre commentaire, comme Angelo, mon guide, l'avait fait, pose ses mains sur l'écran.

— Nous savions que tu allais vouloir revenir sur cet épisode du début de ma dernière vie. Depuis longtemps déjà, tu exprimes le désir de consulter les Annales ; Angelo m'en a prévenu. C'est pourquoi je suis venu. Marc n'a pas besoin de moi en bas. Il suit et accompagne l'opération qui devrait se dérouler normalement. Je vois d'ailleurs que tu es sans crainte.

J'acquiesce timidement, peu rassuré en fait. Il poursuit :

— Effectivement, en 1953, lorsque mes crises d'asthme sont apparues, tu l'as très bien ressenti : je ne voulais plus vivre. Je n'en avais plus le courage. Ce n'est pas la maladie qui m'a conduit à ce renoncement. C'est, à l'inverse, mon renoncement qui a provoqué mes crises d'étouffement ainsi que mes convulsions. Veux-tu savoir ce qui s'est précisément passé à ce moment-là ?

— Je n'attends que cela.

— Je vais te le raconter. Il me serait trop pénible de t'en montrer toutes les images, et je ne suis pas sûr que ce soit indispensable. Mais Angelo m'a conseillé de t'éclairer sur mon passé ; cela t'aidera à comprendre la suite de notre vie familiale. Et surtout son tragique dénouement...

Micael accomplit quelques gestes et sa propre histoire se met en scène. L'écran s'assombrit. Des ombres chinoises se détachent sur un ciel mauve-orangé, inquiétant.

Voici notre dialogue.

Le crime de Bradford

— Au début du XIXe siècle, j'ai vécu, en Angleterre, une existence paisible dans une petite ville du Yorkshire : Bradford. Apothicaire, je faisais figure de notable, fréquentais les cercles influents de la ville et possédais une situation matérielle très confortable. Je vivais paisiblement et heureux, en « petit bourgeois », dira-t-on plus tard. Mais, plus que cela, j'étais passionné par la science.

— Tu étais déjà occupé à des travaux de médecine ?

— Oui. Cela m'intéressait beaucoup. À l'époque, on combattait la maladie à l'aide de toutes sortes de formules, essentiellement à base de plantes, mais pas seulement. Nous observions attentivement tout, notant scrupuleusement chaque détail de la maladie, de son évolution comme de la guérison ou de l'agonie. Nous testions des préparations inimaginables, souvent très sophistiquées, et nos secrets d'élaboration étaient jalousement préservés.

— C'était un art autant qu'une science.

— Plus encore un art qu'une science, car l'intuition entrait pour beaucoup, tant dans la nature que dans le dosage de nos produits. Longtemps resté célibataire, j'épousai, à un âge avancé, une jeune fille de mon milieu, très désirable mais très jeune. Son père l'avait un peu poussée dans mes bras. Je l'aimai immédiatement et follement. Elle avait tout ce qui me manquait : une fraîcheur pétillante, une candeur mêlée à une noblesse de port et d'allure qui la rendait très belle. Grande, mince, magnifiquement proportionnée, elle ravissait les regards qui avaient l'imprudence de se poser sur elle. J'avais trente-cinq ans et elle un peu plus de vingt ans lorsque je l'épousai. Nous avons vécu parfaitement heureux les premières années. Je désirais des enfants, mais elle prétendait ne pas pouvoir en porter. J'ai toujours pensé qu'elle faisait tout pour ne pas être enceinte. Après quelques années, je découvris qu'elle entretenait une liaison avec un des jeunes apprentis de l'officine. Nous avons eu une explication orageuse. J'ai voulu divorcer, mais elle a exprimé beaucoup de regrets. Elle m'a assuré qu'elle ne recommencerait pas en suppliant que je la pardonne. Ses remords paraissaient si sincères que j'ai accepté de redonner une chance à notre couple. En réalité, derrière des apparences lisses, notre union était brisée. Liz ne m'aimait pas. Elle ne m'avait jamais aimé. Ma situation matérielle et mon statut social seuls l'intéressaient. Si elle refusait le divorce, c'était seulement pour conserver la position mondaine que je lui avais permis d'acquérir. Assez vite, j'ai vu que le manège avait repris entre les amants, et je ne suis pas certain qu'elle n'en ait pas eu un autre. Pire, j'ai surpris qu'ils complotaient pour se débarrasser de moi, le mari gênant. J'ai enduré des mois et des mois de souffrance sans rien laisser paraître, cette fois. Puis j'ai pris une décision radicale : le poison. Pour tous les deux. C'était facile : j'avais sous la main toutes les substances toxiques nécessaires pour les tuer rapidement sans laisser la moindre trace.

Fatale issue

L'évocation de ces événements, bien qu'anciens, soulève de pénibles émotions dans l'esprit de Micael. Son visage exprime une douleur profonde, enfouie en lui mais à présent ravivée avec ses cuisantes brûlures et son épouvante.

— Passons sur les détails, mais ce fut fait. Martin, le jeune amant de Liz, mourut immédiatement. Liz, sans doute méfiante, n'absorba pas suffisamment de poison et elle survécut. Bien sûr, elle m'accusa de crime. Je niais et, sans preuve, on ne put me condamner. Aussitôt, Liz me quitta. Sa famille s'acharna sur moi pour me faire payer ce terrible forfait. Je n'eus dès lors plus de vie. Mon officine perdit ses patients. Aux yeux de tous, j'étais un assassin impuni. La vindicte populaire se déchaîna et se montra infiniment plus violente et haineuse que la justice. J'hésitai alors entre fuir et me dénoncer en présentant moi-même, avec mes aveux, les preuves que tous cherchaient. Mais trop lâche pour affronter la dure réalité d'une mise en accusation et d'un emprisonnement qui précéderaient sans doute mon exécution, je ne voulais pas y ajouter la honte et les humiliations publiques d'un procès et de la prison.

Je décidai donc de mettre un terme à ma vie. Le suicide, oui. Je préparai tout pour le faire, mais, là encore, je reculai. Pas le courage. Décidément, je n'étais à la hauteur de rien. Je parvins alors à convaincre un ami médecin de m'administrer l'injection létale qui me permettrait d'en finir enfin. Après avoir absorbé un puissant somnifère, je mourus donc d'une façon telle que la cause s'en révéla parfaitement indécelable aux yeux des profanes. Le médecin qui m'avait euthanasié était justement celui qui fut appelé pour faire les constatations légales de ma mort. Il conclut naturellement à un suicide, étayé par la lettre d'aveux que j'avais laissée à côté de moi à la disposition des policiers et des juges.

Micael s'interrompt, songeur. Il attend ma réaction. Ma peine envers lui est immense. Je serre mon jeune frère contre moi en lui exprimant à quel point je partage sa douleur. Il hoche la tête en signe de gratitude, tout à l'accablement de ses funestes souvenirs. Il reprend :

— Je me suis retrouvé ici, dans une des sphères spécialisées de l'univers astral où sont soignées et aidées les entités blessées, souvent très endommagées par les événements qu'elles ont vécus. On m'aida à retrouver mes esprits et à surmonter le désespoir de mon échec sentimental. Ma jalousie avait été trop forte. Elle m'avait sapé le moral et surtout conduit à une impasse. Le crime n'est jamais une solution. Jamais ! Je compris que j'aurais dû simplement quitter Liz et lui laisser accomplir la vie qu'elle désirait avec ce Martin. Je m'aperçus, mais trop tard, qu'on ne dirige pas le destin des personnes qui nous entourent. On peut seulement les aimer ou les rendre à leur liberté première.

— Tu as fait là une bien cruelle expérience, mon cher Micael.

— C'est vrai. Une épreuve atroce que je ne souhaite à personne. Je me suis trouvé pris au piège d'un enchaînement infernal que je n'ai pu maîtriser et qui m'a englouti. Heureusement, mon ami médecin m'a tiré de ce mauvais pas. Sans son aide pour mourir, je serais devenu fou, je crois...

Mon frère penche tristement la tête pendant que, dans son esprit, les funestes réminiscences de sa déchéance défilent une dernière fois. La vie qu'il s'était créée sous l'effet de son amour pour Elizabeth, puis par l'emballement de ses mauvaises décisions, lui ressemblait si peu. Car ce garçon possède — je l'ai maintes fois constaté — un cœur immensément généreux. Impossible d'imaginer un criminel derrière ce regard et cette générosité.

Bilan

— J'étais tellement déprimé en arrivant ici qu'il m'a fallu beaucoup de soins et de temps pour retrouver un semblant d'équilibre et de sérénité. C'est là que j'ai connu Marc, un de ces si dévoués médecins du ciel qui sont devenus mes amis. Il m'a beaucoup aidé, ainsi que Damien, un autre thérapeute, puis, plus tard, Edgar, réputé sur Terre pour ses guérisons spectaculaires ; et d'autres proches, anciens parents et belles âmes qui contribuèrent à mon rétablissement complet. Afin de consolider mon travail mental de restructuration et de rééquilibrage, je me suis incarné, au début de la décennie 1880, dans une vie simple et paisible, entouré de personnes aimantes aux intentions pures. C'était en Australie. Une vie rude de travail et d'affection partagés. J'eus une épouse fidèle qui nous donna onze enfants. Deux d'entre eux moururent durant la Grande Guerre, en Europe, hélas ! L'amertume me gagna à nouveau, mais notre famille, soudée autour de Dana, mon épouse, courageuse et optimiste, nous permit de conserver sans faillir notre joie de vivre. Je mourus vers 1940, après une existence positive et réconfortante. À la fin de cette vie-là, j'avais retrouvé toute confiance en moi et pensais avoir tiré un trait définitif sur mon ancien crime. Je me trompais. J'en pris conscience en effectuant de nouveaux retours sur mon passé. J'en laisse de côté les détails. Il me fallut une longue préparation, analyser mes expériences anciennes sous tous leurs aspects. Mettre en évidence les ressorts psychologiques à l'œuvre en moi. Mes forces et mes penchants. Je me résolus alors à solder le compte toujours ouvert de mon « crime ». Je devais en passer par là. C'était indispensable. Inévitable.

— Tu ne l'avais donc pas payé ? demandé-je, intrigué.

— Non. J'avais compris mes erreurs. Je les avais analysées. J'avais demandé pardon à tous les êtres que j'avais blessés, directement ou indirectement — ce qui fit beaucoup de monde, crois-moi — mais je n'avais pas brisé la roue du destin.

— C'est-à-dire ? De quelle roue parles-tu ?

— Il s'agit d'une image pour désigner ce que certains religieux, sur Terre, appellent le « karma ». C'est en quelque sorte la dette que nous contractons non seulement envers tous ceux que nous affectons par nos paroles ou nos actes, mais aussi – et surtout – envers nous-mêmes.

— Si nous avons demandé et obtenu le pardon, est-il bien nécessaire d'ajouter encore de la souffrance dans le monde en s'infligeant de nouvelles épreuves ?

— Nous ne pouvons pas défaire les événements que nous avons provoqués. Ils sont scellés à jamais. Une fois accomplis, les faits échappent à notre contrôle et à notre pouvoir. Leur impact sur le monde, sur autrui et sur nous est irrémédiable. Définitif. Le réel est un absolu auquel nul ne peut rien changer.

— C'est terrible !

— Non, car là n'est pas l'essentiel. Les événements de notre vie nous restent extérieurs, même si nous les avons provoqués ou créés. Mais l'intérieur, lui, demeure malléable, modifiable, renouvelable à l'infini. Et notre essence – notre nature ultime – réside en nous.

— L'intérieur ? Que veux-tu dire ?

— Notre capacité d'exister détient une puissance infinie : celle de dénouer les liens générés par nos comportements. Ces chaînes subsistent tant que nous ne les avons pas défaites, rompues, éliminées. C'est en déverrouillant les blocages que nous avons suscités, puis qui nous ont affectés, que nous les empêchons de se reproduire et que nous transformons notre être profond. Ces nœuds résultent de l'impact, chez les autres mais surtout en nous, de ce que nous avons donné et reçu. Cet équilibre se constitue en chacun de nous au fil de notre expérience et de nos aventures, à travers chacun de nos actes…

Les paroles de mon cher frère ne me surprennent pas mais elles aiguillonnent ma réflexion.

— Je conçois assez aisément cela, dis-je, mais en quoi et comment l'accomplissement de notre « karma » peut-il briser ce que tu appelles *la roue de la vie* ?

— C'est ce que certains religieux entendent par « causalité » : le cycle de nos incarnations successives. Nous sommes entraînés d'une vie vers une autre par nos réussites mais également par les carences, les frustrations ou les défaillances générées par nos actes. Généralement, hélas, nous prenons plus que nous donnons. Nous blessons plus que nous guérissons. Nous exigeons davantage que nous apportons. Il en résulte un déséquilibre croissant entre gains et pertes. Nous sortons le plus souvent diminués de nos expériences vécues.

— En quoi ces déficits, même cumulés, nous condamnent-ils à renaître ?

Une voix se fait alors entendre au-dessus de nous : « *Comprendre et pardonner ne suffit pas ! Après avoir compris et pardonné, il faut se soumettre à l'épreuve. Et ça, ce n'est pas Dieu qui vous le demande, c'est votre propre esprit. Cette exigence est enracinée en chacun de vous !* »

Celui qui vient de prononcer cette phrase n'est pas Micael, mais Aniel.

Aniel

Il est un des nombreux amis de mon frère, en même temps qu'un instructeur très pertinent. Il fut son guide au cours de nombre de ses existences. Sa large barbe blonde presque dorée lui confère effectivement l'aspect mythique d'un ange gardien, tel que notre imagerie le représente. Doté d'une impressionnante présence, il s'est vraisemblablement introduit dans notre dialogue pour apporter de la clarté aux affirmations de mon frère. Face à son ami, Micael est radieux. Un sentiment puissant de complicité les rapproche.

— Un de vos philosophes – athée de surcroît — a parfaitement décrit et expliqué cette nécessité.

Aniel nous interroge du regard en souriant.

— Jean-Paul Sartre ? demandé-je.

— Oui. Sartre. Le philosophe de la liberté. Et simultanément, presque tous ceux qui se firent appeler *phénoménologues*. Ces penseurs ont parfaitement montré comment le principe de liberté, ancré en l'homme, lui confère le pouvoir exceptionnel de « se choisir » et ainsi de construire non seulement son existence, sa vie, jour après jour, mais aussi son « essence ». Le terme est fort. Notre essence, c'est notre Moi profond. Ce que nous sommes fondamentalement. Le socle qui nous fixe de manière stable. En quelque sorte notre *nature*. Sartre, qui accordait à l'intelligibilité une place prépondérante en l'homme, dépasse dans cette conception son intellectualisme pour faire de l'action, de l'expérience, une donnée « essentielle » – le terme est approprié – de ce que l'on nomme : « nature humaine ».

Le raisonnement d'Aniel me surprend et me ravit à la fois. J'ai toujours pensé que l'apport de Sartre à la pensée contemporaine était, sur ce point-là, exceptionnel et décisif, mais je ne m'attendais pas à cette évocation de la part d'un de nos guides célestes. Un existentialiste au royaume des Anges, ce n'est pas banal !

Il poursuit :

— En existant, vous construisez une œuvre d'art aux formes pour partie contraintes – sous le poids de certaines nécessités vitales ou sociales –, pour partie libres par le jeu de vos désirs, vos impulsions, votre fantaisie, vos folies, un peu avec l'aide de votre rationalité et beaucoup grâce à votre imagination.

Tout en parlant, Aniel fait naître sur l'écran des scènes composant de magnifiques tableaux mouvants.

— En agissant, c'est vous-mêmes que vous construisez. De la somme de vos comportements, une fois accomplis, que subsiste-t-il ? Les objets que vous fabriquez vieillissent et changent d'usage. Ils deviennent obsolètes, voués à la destruction ou au recyclage.

Mais les sujets vivants, même s'ils vieillissent, ne sont jamais hors d'usage. Vous restez portés par la vie-énergie qui est en vous et ne vous quitte jamais. Vous demeurez « essentiellement » libres, c'est-à-dire aptes à vous recréer toujours et encore, quitte à renier vos décisions anciennes pour des résolutions radicalement neuves.

Les paroles d'Aniel coulent, limpides de simplicité et de vérité. Une remarque me vient à l'esprit en les entendant :

— Finalement, Sartre a simplement omis de préciser que notre essence c'est la liberté, puisque cette dernière conditionne notre existence, donc la « précède ».

— C'est juste, conclut Aniel, qui ajoute : c'est là que nous perdons Sartre. Son génie s'est arrêté à la découverte du pouvoir de la liberté. Car il y a une différence fondamentale entre construire son existence et construire son être : c'est la subsistance. En effet, les existants sont des êtres subsistants. Ils subsistent à travers leur substance, comme l'a fort bien expliqué, dès le XVIIe siècle, le sage Spinoza. La conscience permet de fixer au cœur des êtres les éléments clefs de leur existence qui « sédimentent » dans cette zone obscure échappant partiellement à la conscience, que l'on nomme « inconscient ».

Aniel nous regarde en souriant. Est-ce que nous suivons ? Oui, sans trop de difficulté. L'inconscient nous évoque immédiatement Freud. Sartre était farouchement opposé à ce concept. Il est donc totalement passé à côté...

— Oui, il a *switché* l'inconscient, reprend dans un surprenant langage, notre instructeur qui a capté ma pensée. Mais l'inconscient dont je parle n'est pas celui de Freud. Ce dernier a découvert l'inconscient psychique : l'arrière-plan du désir ainsi que les affects et les représentations liés à l'énergie reproductrice — dite sexuelle — et aux refoulements auxquels désirs et interdits donnent parfois lieu. Ce n'est là qu'un des aspects de l'inconscient, que l'on peut qualifier d'immédiat. L'inconscient profond occupe un secteur plus fondamental de l'esprit, hors du temps ; c'est le lieu de sédimentation de toutes nos expériences. Toutes. Depuis le début. Chaque événement vécu dépose au fond de chaque être une trace aussitôt codée, qui subsiste sous forme de vestige dynamique constituant à la fois notre passé – la matière de notre mémoire – et notre présent ; car leur codage les rend intemporels, et donc opérationnels dans l'existence présente et dans les existences à venir. À chaque instant, nous sommes non l'addition mais la synthèse de nos expériences passées. En quelque sorte, nous contenons notre éternité en nous, de façon intemporelle.

Aniel se tait, nous laissant assimiler ses paroles, avant d'ajouter :

— Ce « code », gravé dans le marbre de chaque inconscient, constitue la signature karmique de l'existence qu'il porte. En s'engageant dans un nouveau cycle vital, chaque être le transforme, en efface les déficits et progresse dans son accomplissement.

Il pose sur nous son regard chargé de bienveillance :

— Oui, il est donc indispensable de revivre pour évoluer. Plutôt qu'une punition, cela constitue votre mission d'architecte de vous-même, constructeur de votre *Soi*.

Aniel a disparu. Il s'est dissipé dans le nuage de pensées qu'il a fait naître sous nos yeux et en nous. Nous nous regardons, Micael et moi.

— Voilà un puissant philosophe, me dit mon jeune frère. Sa pensée est vaste. Il est étonnant. Je m'instruis un peu plus à chacune de nos rencontres.

Je reste songeur, fasciné par ce que je viens d'entendre. L'enseignement d'Aniel réfute les abîmes de culpabilisation dans lesquels nous enferment nombre de sentences religieuses solennellement prônées par les inventeurs du péché, de la faute originelle et des damnations auxquelles nos erreurs nous cloueraient. Alors que ces dernières se révèlent, finalement, être les aiguillons de nos progrès, le fer et le feu de nos transformations.

Micael m'écoute penser en souriant, patiemment. Ce qui me ramène à notre préoccupation première :

— Comment s'est décidée ta nouvelle incarnation, celle où tu devins mon frère ? Lui demandé-je.

— J'y ai longuement travaillé. Je ne peux pas entrer dans chaque circonstance, mais ici, on a les moyens d'effectuer des recherches au laboratoire, en équipe, avec des outils prospectifs de projection et de synthèse très élaborés. Nous parvenons à scruter le monde sous des angles inimaginables sur Terre. Cela préfigure nos réalisations futures, lorsque nos capacités de numérisation seront plus élaborées. De plus, on peut recevoir des aides multiples, de la part d'amis ou de frères particulièrement compétents. Mais personne ne décide à notre place. C'est moi seul qui ai, au final, mis le doigt sur le lieu et le moment de mon incarnation.

— Tu as choisi ta famille ?

— Oui. Plusieurs possibilités, plusieurs voies se sont offertes à moi et m'étaient accessibles. J'ai pu évaluer, à l'avance, partiellement, ce que seraient mes parents, mes frères et sœurs, mon corps, mon milieu social et mon parcours à venir. Pas avec tous les détails, mais dans leurs principaux traits et surtout dans la dynamique qu'ils m'offraient. Ils m'ont été en partie révélés avant que je m'incarne. Mais c'est surtout la fin qui était parfaitement dessinée. Il manquait vingt-quatre ans à ma vie de suicidé. J'avais donc vingt-quatre années à accomplir sur cette Terre. Pas plus. Ma mort était programmée. Je le savais. J'avais ce sacrifice à accepter. Il me restait à l'accomplir...

Illustrant les paroles de Micael, les images des événements évoqués défilent sous nos yeux. Mon frère les contemple en même temps que moi, la tête légèrement penchée sur le côté, dans cette pose pensive un peu énigmatique où je l'ai si souvent observé au cours de notre vie commune, sur Terre. Je regarde mon cher *petit frère* avec compassion. Il ajoute :

— Du projet d'une vie à sa réalisation, il y a la même distance qu'entre le dessin d'une bougie et la brûlure de la flamme réelle... Une fois engagé dans cette incarnation, tant que j'étais dans l'utérus maternel, j'ai bien tenu le coup. Je me sentais fort et décidé à accomplir l'épreuve. Une fois né, définitivement inséré dans ma chair, j'ai de plus en plus éprouvé les émotions de mon attachement, notamment à notre maman. Au cours des premiers mois, mon lien fusionnel à Charlotte – notre mère – a très vite grandi. Il a acquis la puissance d'une énergie irrésistible. Comment allais-je pouvoir assumer la rupture avec une telle dépendance ? Je fus subitement submergé de panique et voulus renoncer, repartir en arrière, quitter ce monde et l'épreuve épouvantable qu'il me réservait. Mes convulsions, c'était ça : le fruit de l'angoisse et du refus. Ma lutte pour me dégager de ce que je percevais comme un funeste engagement. Ma passivité face à la maladie résultait de mon désir de mourir, d'échapper à ce destin. C'était la même panique que celle qui s'était emparée de moi à la suite de mon crime. Je désirais m'arracher à cette situation, en pleine panique ; la fuir.

Micael marque un long temps de silence. Dans son esprit, tournent en boucle les souvenirs de son meurtre, de son suicide et de l'ultime défi qu'il a dû ensuite affronter.

Les images qui défilent sous nos yeux nous montrent notre mère, infiniment attentionnée, berçant et caressant le corps de son nourrisson abandonné à son affolement, en lui murmurant des paroles d'encouragement que nous ne discernons pas tout à fait. Elle semble lire en lui comme dans un cristal ; elle s'exprime tendrement et patiemment face à ses regards désespérés. Micael contemple cette vision, retourné par l'émotion.

— Les mères ont l'intuition de ces situations-là. Maman a tout de suite senti ce qui se passait en moi. Elle l'a compris. Alors, avec un immense amour, armée de son irrésistible sourire indulgent, attentif, confiant, ainsi que de ses soins affectueux, elle m'a entouré d'une muraille de protection qui a réussi à ranimer mon cœur. Malgré moi, je fus profondément imprégné de la force de cette bonté. Une énergie considérable. Elle me parlait, essayait de m'apaiser et m'encourageait à vivre avec la même puissante douceur que si elle avait lu sur mon visage la cause de mon agitation. J'ai commencé à me laisser porter, à cesser de résister à cet appel. La chaleur de cette passion maternelle m'attendrissait et renforçait mon lien avec cet amour tout puissant qui s'écoulait en moi par la voix et le regard de cette merveilleuse maman. Toutefois, mon angoisse restait forte. Elle me déstabilisait. J'y retrouvais l'impasse de mon amour impossible envers Liz. La peur me hantait. Je restais partagé et voulais toujours échapper à ce monde invivable. Le quitter. Le débat ouvert dans mon âme de bébé dura plusieurs mois. Je me sentais pris en étau entre les obligations de mon destin et l'effroi qu'elles suscitaient en moi. Pendant mon sommeil, je m'arrachais aux angoisses qui me tourmentaient. Je venais me réfugier ici, prendre un peu de repos, de recul, de forces. Mes guides et mes amis s'efforçaient de m'insuffler le courage dont j'avais terriblement besoin. Ils m'expliquaient que si je renonçais cette fois, il me faudrait recommencer. M'incarner à nouveau, dans une famille aussi aimante que j'aurais, de toute façon, le plus grand mal à quitter. Je devrais renaître et vivre cela jusqu'à la réussite complète de mon expérience. Cette pensée me désespérait. Je ne pouvais m'y résoudre. Je me sentais lâche. Tu n'ignores pas que la peur est une puissance terrible. Elle anéantit toute force, toute énergie. Elle épuise et annihile nos ressources les plus profondes. La véritable mort est là. Pas dans la désincarnation, mais dans le refus de jouer le jeu de l'incarnation, d'aller au bout du risque, d'affronter le danger en face. La vie est un défi...

Cela, je le savais déjà. Je l'ai vécu également, au cours de circonstances différentes de celles relatées ici par mon frère qui, lui, l'a expérimenté de façon cuisante et dans une urgence dramatique. Il reprend :

— Mon épreuve était là : conjurer le mal que j'avais fait naître en moi en subissant le sort des êtres que j'avais détruits. Car seule l'expérience nous éprouve, nous crée et nous métamorphose. Comme seule la flamme de la bougie réelle nous en révèle la brûlure véritable. Irremplaçable. Inimitable... Alors, lentement, j'entrepris de repousser ma terreur et celle-ci commença à s'estomper. L'énergie que me communiquaient mes guides et mes soutiens, ici, dans le monde de l'esprit, a progressivement accompli son œuvre, introduisant apaisement et patience dans mon épouvante.

Micael songe longuement. Sa conscience parcourt les tortueux sentiers de son épreuve, de ses souffrances et de sa progression vers la rédemption, dont il n'accomplissait alors que la toute première étape. Puis il reprend :

— Finalement, c'est maman qui a gagné. À force de m'appeler *son petit*, de me parler avec cette tendresse qui me faisait fondre, elle m'a rendu à moi-même, à mes décisions premières, à mon projet, à mes obligations... Son regard instillait en moi un tel océan d'amour ! Elle a vaincu ma peur. Je me suis laissé aller à elle et l'ai suivie. J'ai mis ma confiance en elle, me disant que lorsque viendrait le moment de repartir, j'aurai été tellement *gorgé* de son amour que j'en emporterai avec moi le trésor. Je m'abandonnai enfin à cette vie avec confiance et abnégation. C'est ainsi que j'ai peu à peu accepté de vivre et commencé, lentement, à guérir.

« Gorgé ». Ce mot, alors tombé de la bouche de mon jeune frère, ne m'a jamais quitté. Il demeure gravé en moi, à jamais, chargé d'une puissance évocatrice que je ne peux décrire.

L'écran nous dévoile le petit Micael ressuscitant progressivement au long des mois qui suivirent nos tristes « fêtes » de Noël 1953 autour de notre si jeune frère mourant.

Je revois alors fugacement une scène, autrefois vécue, que je croyais, aujourd'hui, totalement oubliée : devant la crèche de Noël, disposée comme chaque année sur un long plateau dressé entre deux tréteaux, les quatre enfants de la famille – Pauly, Marie-Pierre, Jean-Benoît et moi – étions en train d'adresser ensemble, comme chaque soir avant d'aller dormir, notre prière au jeune Christ couché dans la paille et à sa maman, la Vierge Marie.

Debout derrière nous, serrés l'un contre l'autre, nos parents priaient avec nous et demandaient au nouveau-né de la crèche d'épargner la vie de leur bébé. Les larmes coulaient sur leurs joues. Ils pleuraient en silence.

Micael contemple la scène avec moi. Pour lui qui ne l'avait pas vécue, alors, avec nous, c'est certainement la première visualisation. Nous en sommes tous deux bouleversés.

Un peu plus loin, on aperçoit aussi notre père s'agenouillant chaque matin et chaque soir devant la statue de la Vierge Marie posée sur le marbre de la cheminée de sa chambre. Il s'adressait à elle à voix basse. On devine ce qu'il lui demandait.

On voit également Aniel, présent en permanence au chevet de Micael, souvent accompagné de Marc ou de Damien. Dans les bras de Carla — le charmant diminutif de Charlotte — , le minuscule Micael se laisse porter par la mélopée de ses douces paroles, fredonnées avec une éperdue confiance.

Brusquement, je touche du doigt, de façon très concrète, ce que signifie l'expression : *être aidé*. Je découvre que nous sommes rarement seuls dans nos affrontements, nos luttes, nos combats. Est-ce toujours le cas ? Pour tous les êtres ? Voilà une question que je vais devoir poser à Angelo ou à Félicien.

À quelque temps de là, un jeune médecin, qui se révélera d'une rare compétence – le docteur Néret – avait été recommandé à notre père. Il se pencha sur Micael, l'examina et déclara énergiquement qu'un nouveau traitement à base d'antihistaminiques venait d'être mis au point par l'Institut Pasteur. Il prescrivit une série d'injections hebdomadaires et conseilla à mon père, s'il le pouvait, de quitter au moins temporairement cette vallée trop humide pour les poumons de son fils.

Quelques mois plus tard, Émile, notre père, dénicha une modeste maison à la campagne, à flanc du coteau de Méluine, loin des brouillards pernicieux du Rhône.

Nous y emménageâmes l'été suivant pour nos premières vacances pastorales.

Dans ce lieu, notre famille habita un petit paradis de pleine nature où nous connûmes l'enfance la plus joyeuse que l'on puisse souhaiter. Cinq années d'insouciance modeste et de petits bonheurs secrets, puisés à la magie lumineuse de chaque matin et de chaque soir. Inoubliable chance précédant notre entrée dans le dur de la vie.

Peut-être vous conterai-je cette période de félicité un peu plus tard, dans un chapitre à venir...

*

Mon attention glisse rapidement sur les mois et les années suivants, qui s'étirent à grands traits sous nos yeux. Micael attend mes autres questions, impatient de retourner à ses propres occupations.

Quant à moi, je m'attarde sur la scolarité du jeune Micael, discret et brillant élève de l'école primaire Saint Jean – et fierté de nos parents comme de ses maîtres.

Un peu plus tard, au lycée, il met ses pas dans mes traces, sur les mêmes bancs des mêmes classes, avec parfois les mêmes enseignants. M. Duvet, un de ses professeurs de français, à la lecture de son nom lui demande s'il est bien mon frère. Ayant répondu par l'affirmative, il s'entend dire que la comparaison, dans le domaine littéraire, n'est pas à son avantage. Micael s'en amuse, assez fier de la réputation acquise par son aîné, et néanmoins satisfait de la sienne, lui qui caracole largement en tête de classe en mathématiques comme dans les autres disciplines rationnelles. Micael révèle déjà des qualités de pur scientifique, doué en plus d'être travailleur. Ses instituteurs avaient remarqué ses qualités dès les classes primaires.

Je ne peux m'empêcher de faire le rapprochement avec les compétences décrites en la personne de l'apothicaire qu'il fut un siècle et demi auparavant, à l'époque du drame. Ainsi, la vocation scientifique de Micael est ancienne, profondément installée en lui, durable. Loin de m'étonner, cela ne fait que conforter l'admiration que j'éprouvais déjà pour lui, lorsque nous nous rendions ensemble à la BU de la Faculté de Médecine, quelques années plus tard, les samedis après-midi. Puis au cours des interminables séances de discussion sur tous les sujets qui nous préoccupaient alors. Ils étaient nombreux et variés, comme nos attentes et nos passions.

Après sa réussite au baccalauréat de mathématiques élémentaires, Micael est admis en classe de mathématiques supérieures dans un lycée réputé d'une préfecture voisine. Il s'y illustre de manière insolite en faisant le coup de poing, adossé à un platane de la cour, le jour où quelques zélés despotes décident de lui faire subir l'humiliante épreuve du bizutage.

Sa réaction se révèle aussi foudroyante qu'inattendue :

— Que celui qui veut me toucher approche ! lance-t-il les poings serrés, prêt à en découdre, toisant du regard les étudiants surpris que l'un d'eux ose se révolter contre les pratiques sadiques de soumission alors complaisamment tolérées par tous. Si vous en avez le courage, ajoute-t-il !

Le bizutage s'arrête net pour Micael, qui, durant les semaines suivantes, rencontre quelques difficultés à faire oublier sa rébellion publique dans un univers où la violence conventionnelle doit triompher, même à travers les plus odieux avilissements. Micael n'avait pourtant pas une âme de révolté. C'était simplement un pur qui ne voyait pas le rapport entre sa vocation intellectuelle et les pratiques d'un autre temps qu'on cherchait à lui imposer.

Cette école ne lui permettant pas de trouver sa véritable voie, il n'y poursuit pas et candidate à la Faculté de Médecine de L., où il est admis. Il y passe avec succès tous ses diplômes sans jamais faillir. Vaillamment, il fait chaque soir le ménage dans des bureaux pour le compte d'une société de nettoyage afin de pourvoir à sa subsistance et notamment d'acquitter le loyer de sa chambre en cité universitaire et ses dépenses courantes d'étudiant. Malgré sa modeste bourse d'étude, nos parents n'avaient pas les moyens de l'entretenir et il lui revenait — comme à moi-même — de gagner son pain quotidien.

Dans la même ville, j'étudie alors à la faculté de philosophie et à celle de psychologie à l'Université des Lettres et Sciences Humaines. Nous nous rencontrons régulièrement, au *resto U* ou dans sa chambre de la résidence Mermoz. Parfois dans mon petit appartement où il aime venir me rendre visite lors de ses rares moments de liberté. À cette époque, le téléphone n'est pas à la disposition de chacun comme c'est le cas aujourd'hui. Nous avons parfois du mal à communiquer. Cela ne nous empêche pas de nous rencontrer régulièrement.

Nous sommes liés par une fraternité complice qui nous unit en dépit de notre écart d'âge. Une force particulière nous rapproche inconsciemment l'un de l'autre, même si nous avons chacun notre vie, notre autonomie et notre destin.

A cette époque, je suis marié et travaille dur, postulant aux concours du CAPES et de l'agrégation de philosophie. Micael, lui, se prépare à entrer en internat de médecine.

C'est alors qu'il fait la connaissance d'une fille remarquable, intelligente et distinguée, belle de surcroît. Aussitôt, il devient évident à tous que cette jeune fille sera l'amour de sa vie. Une force irrésistible les rapproche et finit par les unir. Ils forment rapidement le projet de se marier dès que leur situation le permettra.

Hélas, le temps court sur leurs talons. Avec une rapidité que nous ne pouvions pas soupçonner, il égrène silencieusement le compte à rebours du sinistre drame inscrit dans le marbre du destin de notre cher Micael.

La montagne

Depuis un certain temps, en compagnie de quelques amis, étudiants comme lui, Micael a découvert les joies de la montagne. En 1974 déjà, puis au printemps de l'année 1975, il accomplit plusieurs belles courses dans le Vercors, dans le massif des Aravis, sur les flancs de la Meije et dans quelques couloirs des contreforts du mont Blanc, tâtant à l'occasion du rocher et du glacier. C'est à l'automne de cette même année qu'il épouse Marianne, son heureuse conquête. Ensemble, ils s'installent dans un coquet appartement non loin de leur lieu de travail – pas très éloigné du mien également —, où ils entament une vie conjugale promise au bonheur.

La chute

L'année suivante – 1976 – une canicule exceptionnelle assèche le printemps et grille sur place toute végétation. Micael a fini de passer ses examens. Brillante et totale réussite ! Diplômé de cinquième année de médecine, il va débuter son internat en vue de préparer son doctorat. Tout est au mieux pour lui. Le soleil de sa vie luit à son zénith, généreux et prometteur. Son avenir s'annonce radieux.

Jeudi 10 juin au soir. En compagnie de Marianne, Micael sonne à la porte de mon appartement. Il nous rend une brève visite fraternelle, comme il le faisait fréquemment, après quelques courses au supermarché voisin. Il nous annonce joyeusement que, le lendemain, il part avec deux compagnons de cordée, escalader le couloir Piaget, dans le massif des Agneaux.

Spontanément, je lui conseille d'abandonner ce projet et l'invite à venir passer ce beau week-end de juin avec nous, à la campagne, dans les Cévennes, où je possède, comme il le sait, un rustique cabanon en pleine nature. Ce sera l'occasion de faire ensemble une visite de mes ruches et d'apprécier de belles heures de détente et de promenade. Micael se montre tenté, mais ses amis comptent sur lui. Tout est organisé et il a une forte envie de réaliser cette course à la réputation redoutable et périlleuse mais enviée de tous les montagnards.

Je le laisse à son projet ; nous nous séparons là-dessus...

Lorsqu'il franchit la porte de mon appartement, je vois pour la dernière fois mon frère, vivant sur cette Terre, s'éloigner pour toujours.

Désormais, ce sera ici, dans l'univers subtil, que je le retrouverai. Plus tard. Beaucoup plus tard...

Le samedi 12 juin 1976, le massif des Agneaux voit deux cordées de trois alpinistes décrocher brutalement au cours de leur descente du couloir Piaget et dévaler comme un amas de pierres le toboggan de glace luisante sous le soleil cru, le long d'une pente à soixante pour cent. La chute est fatale à cinq des six hommes. Micael est au nombre des victimes, emmêlé et brisé au milieu des cordes, des pitons et des piolets, au pied du cône de déjection.

Au bas du couloir Piaget vient de s'écrire l'implacable destin scellé vingt-quatre ans auparavant, lorsque Micael décida de s'engager dans l'existence qui le conduirait, à travers notre famille, à purger son crime accompli en 1843, sur le sol britannique.

*

Toujours à mes côtés, Micael contemple les images de son aventure sans broncher, figé face à l'ineffable fatalité. Il les connaît par cœur, les a visionnées des dizaines de fois, en a détaillé, aux côtés de ses guides, les multiples aspects et leurs ultimes conséquences.

Observant mon visage attristé, il prend la parole en s'efforçant d'alléger le ton de sa voix, pour me révéler ce que je devrais maintenant avoir compris :

— Au moment où la glace a cédé sous mes crampons, happé par le vide, j'ai subitement renoué avec le film déjà écrit de ma vie : *le* moment fatal advenait. En une fraction de seconde, le doigt de mon destin a actionné le fusible mettant fin à ma malédiction. La rupture était là. Implacable. Lorsque je me suis trouvé à côté de mon corps, dans le froid glacial de la nuit, j'ai compris. J'étais anéanti. Une immense tristesse s'abattit sur moi. Marianne, couchée dans le refuge où elle m'attendait, ne dormait pas. Son inquiétude était prémonitoire. Elle redoutait – et sentait – que quelque chose avait basculé. Maman, papa, toi, mon grand frère, mes sœurs et mes autres frères, je vous voyais déjà tous déchirés par mon départ. J'étais réduit à devoir vous abandonner là, à renoncer une nouvelle fois à la muraille d'affection que nous avions édifiée ensemble, à tout cet amour que nous échangions et qui nourrissait nos vies. Je mesurais violemment l'étendue du drame que j'avais à vivre, à assumer et à accepter. L'épilogue de mon châtiment. Sa phase la plus douloureuse. Entêté, j'essayai à toute force de me raccrocher à cette vie que je ne me résolvais pas à quitter. Comme bien des âmes souffrantes, j'ai alors un peu erré dans ma détresse. Jusqu'au moment de mes obsèques, véritable cérémonie d'adieu. J'ai beaucoup pleuré à vos côtés, mêlant mes larmes aux vôtres. Oui, j'étais là, bien présent, aussi désespéré que chacun de vous. Vous regardiez désespérément mon cercueil qu'on ensevelissait alors que j'étais juste à côté de vous, tout près, à vous toucher. Vous ne pouviez pas me voir, ni le savoir… Une fois mon corps mis en terre, il a fallu me résoudre : c'en était bien fini ! Cette belle existence – que j'avais ensemencée de toutes mes ressources vitales, de toutes les promesses que nous pouvions ensemble réaliser — cette existence était brisée. Irrémédiablement. Tous mes regrets étaient vains. La fatalité tant redoutée au cours des semaines qui suivirent ma naissance, prenait corps et venait de se réaliser !

Micael reste un long moment silencieux. Laissant glisser le fil de ses pensées, je l'entends reprendre :

— Je sais que pour toi, cet événement terrible au couloir Piaget a représenté un drame atroce. Vous tous : Marianne, mes sœurs et mes frères, maman, papa et aussi toi, étiez effondrés. Vous pleuriez comme des enfants, déconcertés par ce drame. Ma mort vous a frappés avec la violence d'un incompréhensible coup du sort. Mais, pour moi, finalement, ce 12 juin – jour de ta fête – sonnait le début de ma délivrance. Il m'a été affreusement pénible de perdre Marianne, ma femme adorée, en plus de vous voir tous déconfits par mon départ. Mais mon destin était de finir ma vie ainsi, dans cette abréviation nécessaire. Je suis resté un certain temps abasourdi, prostré dans un état de stress mental qui m'a empêché de me libérer immédiatement, comme je l'aurais dû, de ma gangue charnelle. L'énergie de votre chagrin contribuait à me tirer vers le bas. Elle m'alourdissait. J'ai réussi à m'en extraire peu à peu et me suis retrouvé ici, à nouveau chez moi, dégagé de mes obligations *karmiques*, léger, enfin libre de mes mouvements, de mes choix et de mon avenir.

— Comment pouvions-nous deviner l'arrière-plan de ton histoire ? répondis-je alors, un peu confus de n'avoir pas su aider notre frère à vivre sa mort paisiblement, comme il l'aurait dû. Nous étions complètement ignorants du contexte de ton incarnation. Il est vrai que ton départ nous a anéantis, cloués sur place.

*

Il me revient alors une anecdote que j'avais complètement oubliée ou peut-être refoulée : ce samedi 12 juin, lorsque je me suis éveillé, au petit matin, je n'étais pas dans mon assiette. Ma tête était secouée d'étranges vertiges que je n'avais encore jamais ressentis. C'était comme si mon esprit avait le hoquet. Curieuse impression de malaises répétés, semblables à de petits évanouissements heurtant mon esprit et le faisant chavirer sans le renverser totalement. État tout à fait inhabituel que je ressentais pour la première fois sans parvenir à me l'expliquer.

Ayant prévu de passer le week-end à la campagne, mon épouse et moi prîmes la route au petit matin, et nous nous retrouvâmes dans les bois de châtaigniers en fleurs et de pins aériens, avec nos ruches bruissant de leurs colonies en pleine activité au cœur d'une nature en effervescence.

Je m'adonne alors à mes habituelles activités : j'ouvre un à un le couvercle des ruches dont je vérifie la bonne santé. Tout est en ordre. Les abeilles travaillent, entrent du pollen, protègent le couvain, déposent le miel dans les alvéoles. Mais mon dérangement cérébral, lui, ne disparaît pas. Ma petite sieste de l'après-déjeuner n'améliore même pas ces malaises. Je sais que mon métabolisme n'est pas en cause. Ce symptôme n'a rien de digestif. Il n'est pas non plus cardiaque. Je le sens bien. Non. Il est étrangement dépourvu de cause visible... Je ne comprends pas.

Cet état ne me quitta pas de tout le week-end. Il commença à s'amenuiser seulement après les obsèques de Micael, pour disparaître tout à fait au cours des jours suivants. Je fis alors l'hypothèse que ce malaise persistant était entièrement lié à la mort de mon frère. L'esprit de mon frère tentait-il d'entrer mentalement en contact avec le mien ? Était-ce dans le but de me transmettre un message ? Un dernier signe ? Un adieu ? Je l'ignorai jusqu'à ce jour. Aujourd'hui, je ne doute plus que ces deux événement fussent liés. Mon frère ne pouvait partir sans tenter de me faire connaître sa peine, son chagrin, ses regrets. Il savait que je n'ignorais pas la survie de son âme, de son être profond.

Ne souhaitant pas embarrasser Micael avec mes petits soucis personnels, je m'abstiens d'évoquer avec lui cette anecdote très particulière à laquelle lui-même se garde bien de faire allusion.

La tasse

Durant les semaines ayant suivi le décès de notre frère, une occasion nous fut donnée de prendre conscience qu'il ne nous avait pas complètement abandonnés. Et même qu'il était certainement, parfois, tout près de nous.

Quelques semaines après le terrible événement, un signe manifeste nous fut adressé. Nous passions alors le dimanche en famille, dans la maison de nos parents. Comme souvent en été, nous nous tenions au frais sous l'ombrage des deux fiers platanes de la cour, autour d'une grande table sur laquelle on servait une pâtisserie ou une glace – parfois les deux.

Notre mère et notre père étaient là avec notre sœur aînée, son mari et un de mes autres frères. Nous évoquâmes Micael, naturellement, les circonstances de son accident et sa mémoire, nos paroles véhiculant, malgré nous, la lourdeur impitoyable de son absence.

Alors que nous échangions nos funestes sentiments dans une atmosphère de tristesse résignée, presque paisible, une tasse à café posée sur sa soucoupe, vidée quelques moments plus tôt par l'un d'entre nous, fit brusquement entendre un « clic », se partagea et s'ouvrit en deux hémisphères parfaitement égaux, aux bords parfaitement nets, comme séparés par un couteau magique invisible. Elle n'éclata pas, non : elle se divisa comme on ouvre une coquille de noix, alors qu'elle n'avait reçu aucun choc, même pas un regard. Un petit bruit sec et chaque demi-tasse se coucha sur le côté. Je précise que cette tasse était en porcelaine fine, ni ébréchée ni fêlée et qu'elle n'avait nullement été moulée en deux parties qui auraient ensuite été soudées l'une à l'autre.

Aucun d'entre nous n'est naïf ni superstitieux, mais nous eûmes le plus grand mal à penser que cet incident était un caprice de la « nature » ou une anomalie de la porcelaine. Cette tasse avait plusieurs décennies et ne présentait aucun signe de faiblesse.

Nous pensâmes tous que notre frère et fils nous adressait un signe particulier de l'endroit où il se trouvait alors. Je dois dire qu'à la différence de mes malaises, j'aurai plus tard l'occasion d'évoquer avec lui ce « signe » dont il me confirmera qu'il était bien de son fait. Micael ne pouvait plus communiquer avec nous, mais il fut heureux de nous signaler qu'il était toujours « là », en nous adressant une sorte de clin d'œil par l'entremise d'un objet visible de tous.

Au cours de ma vie, j'eus l'occasion de percevoir d'autres signaux semblables, quelques dizaines de fois, en ayant presque toujours la prescience de son auteur. Chaque fois que j'ai eu la possibilité d'en vérifier l'origine, j'en ai reçu la confirmation.

*

À la suite d'un nouveau long silence, Micael dit :

— Je sais que vous avez beaucoup souffert de mon départ, qui vous a paru injuste et incompréhensible. Vous n'en aviez pas l'explication. Non seulement je ne vous en tiens nulle rigueur, mais, au contraire, mon affection pour vous tous en a été renforcée.

Ensemble, nous avons partagé en plus de ma courte vie, la tragédie de ma mort. J'ai tout emporté avec moi. Cette fin a parachevé mon aventure en scellant définitivement ma victoire sur mon mauvais sort passé. Tu saisis ?

— Je saisis, Micael. Aujourd'hui, j'ai compris ce que j'ignorais alors. Et je me réjouis que cette terrible chute sur les flancs du glacier ait servi de tremplin à ton salut. Lors de tes obsèques, nous aurions dû, tous ensemble, fêter joyeusement ta victoire sur ton funeste destin au lieu de nous lamenter misérablement. Nous avons été bien faibles, et finalement un peu égoïstes. Si nous connaissions les autres rives de l'existence, nos vies seraient beaucoup plus heureuses...

Micael hésite un instant puis répond :

— Certes. Mais l'enjeu de nos existences ne serait plus le même. Si nous en connaissions les tenants et les aboutissants, nos vies perdraient leur force de construction. Sans le risque de perdre, nous ne connaîtrions pas de véritable victoire. Sur nous-mêmes...

Nous restons un moment silencieux, contemplant dans un même regard, quelques uns des méandres perpétrés par cette nécessité si puissante et si essentielle à notre réalisation, pour nous, humains. Je reprends :

— Te souviens-tu lorsque je te faisais accomplir des régressions sous hypnose ?

— Bien sûr que je m'en souviens.

— Je brûlais alors d'explorer ces univers mystérieux pour moi – comme celui où nous nous trouvons à présent –, dont je soupçonnais l'existence sans rien en savoir.

— Oui. Nous l'aurions pu si nous avions su dans quelle direction porter nos investigations.

— Il n'est pas facile de s'orienter dans ce genre de quête, ajouté-je. Puisque nous sommes ici ensemble, peux-tu m'instruire de ces dimensions où l'esprit poursuit sa vie hors de son corps de chair ?

— Que veux-tu savoir ?

— Tout. Enfin : ce qu'il est possible de connaître.

— Possible et « autorisé ».

Micael me regarde en riant et m'entraîne avec lui le long d'une sorte de large avenue pavée, bordée d'arbres, de bosquets et de prairies où des enfants batifolent joyeusement, partageant leurs jeux en compagnie d'animaux.

— Je vais te raconter la suite de mon histoire, me dit-il en saisissant affectueusement mon bras.

* * *

II – Itinéraire

Harry, fils de Ralph

« Marchant » aux côtés de mon frère Micael – je devrais dire : « me déplaçant », car mon corps subtil glisse en ondulant au-dessus des nappes d'énergie colorées qui nous environnent – nous admirons des paysages qui s'animent sous nos yeux sitôt que notre regard s'y attarde. Micael en profite pour me livrer quelques informations :

— Lorsque je suis arrivé ici, c'est Marc qui m'a accueilli, avec d'autres amis. Mon précieux Marc, à présent reparti en mission sur Terre. Marc était un frère de Craig Balton, le médecin qui m'a injecté le sérum létal par lequel j'ai tenté d'échapper à ma disgrâce après mon crime. Nous appartenons tous à une même *lignée* spirituelle. Tout à ma liberté retrouvée, j'ai passé un certain temps à prendre récréation, à rencontrer les nombreux êtres que j'avais côtoyés au cours de mes pérégrinations passées, à revoir aussi certains membres de mes familles anciennes, ceux qui étaient accessibles, visibles, pas encore retournés dans un corps physique, ou qui en étaient déjà revenus. Mes enfants d'Australie, mes filles, mes fils, ma femme… J'ai alors replongé dans certains souvenirs – pas toujours heureux – et accompli quelques démarches pénibles. Un de mes fils d'Australie avait pris un tournant tragique. En ce temps là, je me nommais Ralph… J'ai tenté de l'atteindre, de lui parler, de le ramener vers la vraie vie. Il n'a pas su me reconnaître ni souhaité m'entendre…

En prononçant ces mots, Micael se montre très affecté.

— Ce fils, tué en 1917 sur le Front Ouest de la Grande Guerre, en est resté profondément changé. Aussitôt après son décès, il s'est précipité dans la naissante Russie révolutionnaire où, vingt ans plus tard, les grandes purges lui ont donné l'occasion de se déchaîner. Sous le nom de Igor Tcherbin, il a contribué à l'assassinat sommaire de centaines, voire de milliers de pauvres bougres conduits à l'exécution par la mégalomanie du régime stalinien. Finalement, en 1938, à son tour jeté au Goulag, il y a subi les tortures qu'il avait infligées à ses victimes au cours des années précédentes. Il n'a pas survécu aux traitements infligés par ses anciens complices. Juste retour de bâton. Mais cela ne lui a encore pas servi de leçon. Il n'a pris le temps ni de réfléchir ni d'analyser ses sentiments et ses erreurs. Pour lui, cette fois, c'étaient les communistes qui incarnaient les *monstres* responsables de ses souffrances. Lui, à ses yeux, n'avait rien à se reprocher. Il n'a même pas fait de pause, ici, au calme, dans la paix retrouvée de son esprit, avec le recul de l'anamnèse. Il s'est laissé happer par le faisceau d'agressivité, de haine et de militarisme en train de tisser sa toile au-dessus de l'Amérique latine. Il a plongé dans le premier utérus à occuper, en Argentine, dans un milieu voué aux armes et à la violence, au plus près des futurs champs de bataille de la réaction anticommuniste. Il a repris son service de fossoyeur, cette fois dans l'armée officielle, à la tête du *Service du bataillon d'intelligence 601,* l'un des bras armés de la chasse aux rebelles sur le continent sud-américain. Aux côtés de José Osvaldo Riveiro - surnommé *Balita* - il supervisa la traque, la torture et l'exécution de milliers de militants révolutionnaires et collabora activement à l'opération Condor.

À ces évocations, le fond de notre ciel se tapisse de nuages épais qui s'ouvrent comme des cloques. Un kaléidoscope d'images met en scène les différents théâtres révolutionnaires qui s'allument comme autant de bûchers embrasant le continent sud-américain : Bogota, Guatemala, Cuba, Buenos Aires, La Paz, Santiago, Managua, San Salvador, Lima, Mexico...

D'un côté, les paysans expulsés des *latifundia*, déshérités de la paupérisation agricole et industrielle, encadrés par des intellectuels révolutionnaires issus de la bourgeoisie urbaine ; face à eux les représentants des vieilles aristocraties terriennes soutenus par les représentants de l'Église catholique et les nostalgiques de la colonisation espagnole, entraînés par d'anciennes figures du fascisme, du nazisme et du franquisme. Au-dessus de ces deux camps portés par la haine, l'intolérance et le goût du sang, les forces obscures non visibles poussent leurs pions en attisant les ancestrales rancunes dans tous les esprits obsédés par la violence et les prédations.

Le schéma des grands conflits et des holocaustes – toujours le même – met en place ses dogmes et ses papes, ses généraux et ses fantassins, ses profiteurs et ses victimes.

Un gigantesque système d'affrontements et de tueries déploie sous nos yeux la bande-annonce des massacres en série : *Bogatozo, Pbsuccess, Farc, sandinistes, sentiers lumineux, contras, néozapatistes...*

De façon fugace, une image plus précise montre des corps, criblés de balles, en chute libre sous les trappes ouvertes d'un avion militaire, au large du Rio de la Plata...

Micael me regarde, une profonde tristesse au fond des yeux.

— Oui... Il faisait partie des cadres, des généraux, des hauts responsables de toutes ces tueries et de ces persécutions ignobles. Une fois la dictature abolie, en fuite, il a été jugé et condamné par contumace, ce qui l'a contraint à vivre dans la clandestinité. Condamné pour crimes contre l'humanité, il doit se cacher...

— Il est donc... encore en vie ? Sur la Terre ?

— Oui. Il y vieillit comme il peut, sous un nom d'emprunt, dans un hospice. Il n'a pas été officiellement repéré. Les autorités le laissent tranquille. Heureusement, il a en grande partie perdu la tête. Il ne sait plus qui il est ni ce qu'il fut. J'espère qu'il restera dans cet état assez longtemps pour que son esprit prenne de la distance avec la haine qui l'a rongé tout au long de ces années de massacres... Dans mon cœur, il reste mon fils bien aimé, tu comprends ? Le chef de file de ma grande famille. Un beau jeune homme généreux et fin qui est devenu fou de peur et furieux de rage sous le déluge de feu des tranchées, entre 1915 et 1917. Je voudrais qu'il perçoive que tout son ressentiment est né des suites de ses souffrances et de sa mort absurde sur le champ de bataille, à la croix de Vimy, cote 145. Sa situation m'afflige particulièrement, car il était mon fils aîné, mon préféré, en un temps où cela avait une énorme importance pour moi... C'était un bon garçon, doux et innocent quand il est parti à la guerre. La boucherie des tranchées l'a décérébré. Les massacres répétés et inutiles de combats sans issue lui ont vrillé la cervelle. Il n'a pas supporté la peur permanente, l'horreur inlassablement répétée des cadavres mutilés pourrissant au bord des tranchées, les compagnons de combat tombant en cascade autour de lui, l'attente infinie dans la boue, le froid, la terreur et l'inutilité des batailles vouées à un sacrifice sans but. Il a perdu toute foi en la vie et en l'homme. Sa raison a basculé. La mort ne l'a pas délivré de la folie. Au contraire, elle l'a entraîné dans des quêtes de vengeance, de règlement de compte et de surenchères qui n'en finissent pas. Aujourd'hui, j'ignore comment il va pouvoir sortir de sa dégringolade dans les abîmes du mal et du malheur.

Face à la descente aux enfers de son fils bien-aimé, Micael se sent démuni. Il ne le reconnaît plus derrière les cruautés auxquelles il s'est froidement livré. Il n'ose en dire davantage. Je lis en lui un désespoir profond qui le submerge. La puissance du mal n'est pas infinie, mais elle dépasse nos ressources mentales. Je ne sais que lui dire.

Nous marchons encore ; le temps s'étire, en silence. Autour de nous, l'atmosphère est devenue dense, lourde et massive. Nous avons à présent des difficultés à nous mouvoir. À mon insu, Micael m'a conduit dans un secteur de notre ciel dont nous avons gravi, vers le bas, les nombreux degrés. Nous débouchons sur une interminable rampe qui surplombe, telle une galerie de théâtre, un autre jardin, terrestre celui-là, solide. La lourdeur de l'air est devenue à la fois physique et irrespirable.

— Il est là. Regarde.

Derrière une haute verrière, recroquevillée sur un fauteuil à roulettes, la silhouette émaciée d'un vieillard maigre, au visage fin et aux longs cheveux blancs, fixe un point indéterminé de son horizon. Coquille vide au regard fixe, perdu.

Micael contemple son ex-fils avec une émotion palpable. J'ai le plus grand mal à me maintenir dans ce lieu de lourdeur et de désarroi. Micael, lui, voudrait arracher cette vieille fripouille décérébrée à son fauteuil, à sa torpeur, à l'infamie de son sort ; l'emmener avec lui et le soigner. Je ne vois pas comment... Il reste là silencieux, méditatif, irrésolu, longuement, noyé dans des images nostalgiques, déconcerté. Son tourment et sa détresse me font mal. Combien de temps va-t-on rester ici ? Il faut que je pense à parler de tout cela avec Félicien... Finalement, la mort dans l'âme, mon frère se résigne à partir, à regret.

Sur le chemin du retour, nous luttons farouchement contre les bourrasques d'un vent contraire. Une forte attraction électromagnétique nous entraîne vers le bas, comme la trombe d'un cyclone d'énergie. Micael me fait passer devant lui. Il me saisit aux épaules et me hisse vers le haut avec une force insoupçonnable. Je sens qu'il connaît les trappes de ce trajet pour l'avoir maintes fois parcouru.

Laboratoire

Une immense plateforme semi-circulaire forme l'extrémité du chemin sur lequel nous « prenons pied » après nous être arrachés au typhon. Des cascades de lumière miroitent sur ses parois. Des bouquets de filaments éclaboussent sa périphérie comme de longues antennes en fibre optique, souples. En approchant, je découvre un édifice immense, composé de modules accolés les uns aux autres avec des tourelles et des clochers formant une sorte de château futuriste aux parois et aux toits translucides. Disney pourrait l'avoir dessiné.

Je n'ai jamais rien vu de semblable. Est-ce que je rêve ?

— Voilà le laboratoire. C'est ici que je passe le plus clair de mon temps, me dit Micael.

Je lui montre un visage incrédule. Il part d'un rire amusé, m'entraîne vers un sas, puis le long d'un couloir suivi d'une rampe d'escaliers démesurés qui nous conduisent vers une vaste salle circulaire, dont les murs sont entièrement tapissés d'écrans surmontant des instruments tubulaires équipés de manettes et de boutons clignotants. Au centre et à la périphérie de ce gigantesque amphithéâtre, des îlots de fauteuils entourent des plateaux couverts de claviers et d'autres écrans en relief qui projettent contre les murs des images liées à des signes graphiques codés comme s'ils étaient produits par ces mêmes représentations. Je me dis – sans le savoir – que nous pénétrons dans l'antre de *l'intelligence artificielle*.

Autour de ces îlots, divers personnages, seuls ou regroupés à trois ou quatre, sont occupés à visionner et traiter des séquences filmées, évaluer des données automatiquement écrites sous forme de longues équations qui se déroulent seules, enchaînent leurs calculs et affichent des résultats qui scintillent victorieusement sur les écrans devant les commentaires plus ou moins enthousiastes de chercheurs en quête de calculs et de résultats d'expérimentation.

Je ne demande pas qui sont ces collaborateurs. De toute évidence, il s'agit de savants en train de piloter des simulations d'expérience dont je devine qu'elles portent sur des éléments de la matière, des cellules, des molécules et atomes, des éléments chimiques, des particules électro-physiques, des champs électromagnétiques et d'autres phénomènes que je ne suis pas apte à distinguer.

Micael salue plusieurs personnes qu'il connaît manifestement très bien en me présentant comme son frère aîné, exceptionnellement autorisé à cette visite. Je remarque l'extrême noblesse de port, d'attitude et de langage des êtres présents, revêtus de combinaisons portant différentes nuances de bleu. Perplexe, j'interroge Micael :

— Et toi, quel est ton rôle ici ?

— Viens. Je vais te montrer, répondit-il.

Il me conduit vers une large table jonchée de documents ressemblant curieusement aux livres brochés et reliés que l'on trouve dans nos bibliothèques terrestres. À côté de plusieurs volumes ouverts, des morceaux de végétaux flottent dans des préparations étiquetées et numérotées, portant des noms illisibles.

— C'est ta paillasse ? questionnai-je.

— Oui. C'est mon principal lieu de travail. Pas le seul. Je vais souvent sur le terrain.

— Le terrain ?

— Oui. Cela t'étonne ?

— Quel terrain ?

— Tous les lieux où les expérimentations sont nécessaires. Comme font tous les scientifiques.

Je suis intrigué. J'ai du mal à comprendre et à me représenter l'action et le rôle exacts de Micael, dans ces lieux. Sans me donner plus d'explication, ce dernier me devance dans une sorte de boyau étroit qui serpente en montant vers une autre salle, très lumineuse, parcourue par une galerie surplombant l'espace, le *vide*. Des instruments d'exploration à visée infra atomique sont disposés tout autour. Nous sommes seuls. Micael me désigne un siège haut et prend place sur le tabouret voisin. Il me regarde en souriant. Pour la première fois, il se montre très détendu. Je sens qu'il va enfin me parler, me livrer quelques confidences, peut-être quelques secrets. Je n'ose l'espérer.

— Je ne pensais pas qu'un jour nous serions ensemble, toi et moi, dans ce lieu. Si tu savais l'immense plaisir que j'éprouve. Toi, mon grand frère, auprès de qui j'ai tant appris sur le plan humain. Quel bonheur !

Je sens mon cher Micael ému aux larmes. Nous nous serrons l'un contre l'autre, comme deux collégiens complices de leurs anciennes frasques. Revenant au moment présent, il ajoute :

— Ici, je suis chez moi, tu sais. Réellement. Complètement.

Mon frère savoure ce temps qui nous est donné. Il me caresse à nouveau de son regard fraternel, celui-là même que j'aimais voir s'allumer dans sa prunelle lorsque nous devisions gaiement, assis sur le bord de son lit d'étudiant, dans sa chambre de la cité

Mermoz, aux jours bénis de notre enthousiaste jeunesse, dans les premières années 70.

— Après avoir quitté notre vie terrestre, j'ai passé un certain temps à m'amuser. J'avais besoin de chasser la tristesse de mon brutal arrachement à notre vie familiale. Le choc de ma mort m'avait puissamment perturbé. Il me fallait décompenser. Je fréquentais les lieux de sport, de détente, de distraction. J'ai appris à danser, à jouer au bridge, à pratiquer le golf, et même à parler aux animaux et aux plantes. Oui... Je me sentais léger. La dette qui pesait sur moi était acquittée. Je redécouvrais ma vraie liberté de mouvement de façon débridée, peut-être avec une dispersion excessive. Je me *défoulais*, comme on disait *en bas*. Parallèlement, je me suis mis en quête de revoir mes anciens amis. J'en ai rencontré plusieurs, dont Craig. Nous avons longuement évoqué notre passé commun, mais aussi nos travaux scientifiques. Il m'a confié qu'il venait parfois ici les parfaire et les compléter. Il m'a fait part de certaines de ses recherches sur les molécules terrestres, mais aussi sur d'autres éléments, qui se développent ailleurs que sur notre Terre. Un jour, je l'ai accompagné sur un de ses champs d'expérimentation. L'orientation de ses travaux m'a étonné. Il ne fabriquait plus de potions ni d'onguents pour soigner les tuberculeux ou les arthritiques. Ma surprise a été grande de le voir beaucoup plus avancé dans ses recherches et ses expérimentations. Il me présenta quelques-uns de ses compagnons d'études, des physiciens, des biologistes, des chimistes atomistes et quelques mathématiciens. Certains furent mondialement célèbres sur Terre, d'autres de modestes inconnus. Ici, cela n'a aucune importance. Nous œuvrons tous à nos investigations avec humilité, au seul service de la vie universelle d'abord, puis de la cause humaine que nous nous efforçons de défendre. Ce sont de très brillants esprits, mais également de belles âmes, sincères dans leurs intentions, désintéressées, vouées aux travaux d'exploration des molécules et procédés qui sauveront peut-être l'humanité à venir, mais pas seulement...

— Sur quoi travaillez-vous, au juste ?

— Nous n'avons pas le droit de dévoiler nos champs de recherche ni nos projets. Ici, la discrétion règne. La loi du secret nous unit tous. C'est la première condition de la solidarité qui nous lie, tant dans nos études que pour l'utilisation que nous en ferons. Nous sommes au service de la science pure. Pour ma part, je travaille sur le rapport entre les charges d'énergie et les mutations biologiques.

Il marque un temps d'arrêt, semblant réfléchir, puis ajoute, avec gravité :

— À travers nos recherches, nous visons l'unicité.

Unicité

Je pose mon regard sur mon frère avec incrédulité. Que cherche-t-il à me dire ? Micael contemple en lui même ses pensées, comme s'il hésitait à me confier une vérité singulière en s'interrogeant sur les mots propres à habiller sa confidence.

— L'*unicité* sous-tend tous nos travaux et nos recherches. Toi qui es philosophe, ne perçois-tu pas de quoi je veux parler ?

— L'unité, oui, je vois : c'est le dépassement de la *différence*, ce qui ramène le divers à l'*un*. L'unicité, est-ce la même chose sous un nom différent ?

Micael tente de rassembler ses idées. Le message qu'il entend me transmettre est, de toute évidence, à ses yeux, d'une importance cruciale.

— Postulons qu'il n'y a pas de différence de nature – je dis bien de *nature* – entre l'énergie et la forme qu'elle prend. En toute rigueur scientifique, dans la matière dense, notamment sur Terre, nous distinguons le fond de la forme, le concept et son sens. Et bien, en deçà de ces dualités, leur réalité ultime – leur fondement - est énergie. Et l'ensemble des phénomènes appréhensifs dans la diversité du monde se ramène à cette force primale. C'est ce que nous appelons *l'unicité*. Il ne s'agit pas d'un concept, mais de la *forme ultime du fond*. Pour le dire autrement : l'unicité est le lieu d'abolition de toute dualité.

Micael reste un moment silencieux, me laissant le temps d'évaluer ce qu'il cherche à me dire.

— N'est-ce pas ce que les anciens Grecs visaient sous la dénomination du « Un » ?

— C'est vraisemblable. Mais, dans la philosophique hellénique, l'unité est appréhendée comme pur concept. C'est une notion métaphysique, une pure abstraction qui ne prend corps que dans le nombre. Dans la nature telle que nous l'appréhendons ici, l'unité est constamment dissimulée sous la dualité ou sous une multiplicité de manifestations diverses. La matière, notamment, n'apparaît jamais *une*. Elle est toujours composite, multiple, serait-ce par ses déplacements et ses transformations, ses évolutions ou ses dégradations. Or, l'unicité dont je te parle n'est pas un simple concept, mais une réalité. On pourrait la concevoir comme l'unité dynamique première, l'ultime face de toute réalité, l'union de l'alpha et de l'oméga, confondus à l'état natif. Elle est donc hors du temps comme de l'espace. C'est la réalité ultime ; ce que nous visons, nous humains, lorsque nous disons « Dieu ».

Les paroles de Micael me stupéfient. Je tente de m'en former mentalement un modèle. Comment penser le *hors espace-temps* ? Nous, humains, en permanence en quête de plus, de davantage, de mieux, de progrès, de changement, de dépassement, comment nous représenter la pointe première en même temps que finale, du faisceau de toute réalité ?

Micael ne dit plus rien. Je l'entends penser, fortement concentré : *Il ne s'agit pas d'un concept, pas d'une idée abstraite, pas d'une hypothèse opératoire, non. C'est la réalité ultime. ULTIME !*

Il va me falloir beaucoup de temps pour intégrer concrètement une telle notion, ou plutôt sa réalité. Pour l'heure, je tente de lui faire une place dans mon esprit. Micael sourit généreusement :

— Ici, nous ne vivons pas dans les standards du temps physique. Si nous laissons notre pensée glisser hors des structures de la matière, nous parvenons à la poser sur cette base du monde qui est également le fond de l'être. C'est ce que font les méditants. Pour notre part, en tant que scientifiques expérimentaux, nous ne visons pas les états mentaux des métaphysiciens. Mais nous sommes conduits à la même réalité, intuitivement et rationnellement, comme à une évidence contemplative. Dans la sphère de l'univers non dense où nous demeurons ici, nous percevons, à travers notre expérience de chercheur, l'absence de différence de *nature* entre la matière et l'esprit.

— Vous ne percevez donc pas la dualité ?

— Elle nous apparaît, bien sûr, mais comme seconde par rapport au substrat énergétique premier. La réalité se manifeste bien à nous sous ses aspects phénoménaux. Mais à travers leur diversité singulière, nous appréhendons, simultanément, leur unité *nouménale*. J'emploie le terme au sens que lui donna le philosophe Kant. Saisis-tu ce que cela implique pour nous tous ?

— J'essaie de me le représenter.

— Les lois régissant les phénomènes physiques ne sont pas spécifiques à la matière ; elles découlent des lois générales de l'Univers. Toutes ont une origine et une fin communes. Les objets constitués de matière dense sont des coagulations d'énergie pure, elle-même appelée à se différentier. Selon les paramètres de l'espace et du temps, elle se diversifie en prenant des formes multiples. C'est ce qui nous illusionne en nous faisant prendre comme absolues les dissemblances de forme. À la naissance de toute forme, une énergie primale est à l'œuvre comme source, traversant tout ce qui est, sans distinction de corps et d'esprit. Les astrophysiciens ont, depuis quelque temps déjà, discerné ce principe. Ils en ont l'intuition. Mais les concepts de la physique astronomiques oscillent entre particules et énergie et le lien n'est pas fait entre ces deux manifestations du réel. La science ne peut pas valider des hypothèses sans en détenir à la fois les preuves expérimentales et la démonstration mathématique.

— C'est pour cela que la théorie du Tout n'a pas encore pu être énoncée ?

— Les physiciens ont l'intuition d'un facteur commun à l'ensemble des interactions observées, en macro-physique comme en physique quantique. Ils le cherchent actuellement à l'intersection des facteurs gravitationnels et des nouvelles particules détectées ou mises à jour au fil des expérimentations et de leurs projections mathématiques. Ici, dans ce niveau peu dense de la matière, où l'énergie universelle est faiblement diversifiée, nous contemplons cette « superforce », comme certains l'appellent, à l'œuvre au sein des mécanismes de l'univers. Nous savons qu'elle existe, car, sous certaines conditions, nous réussissons à l'observer.

Sur un écran en trois dimensions, disposé légèrement au-dessus de nos têtes, entre Micael et moi, un panorama de l'univers qui nous entoure a pris forme. Superposé aux images, un logiciel extrait instantanément les données géométriques, algébriques et physico-chimiques des éléments en mouvement dans l'espace. Au fur et à mesure qu'elles s'inscrivent, des constantes se figent au-dessous des courbes et des équations en mouvement, le plus souvent exprimées en GeV affecté d'un exposant.

Micael observe en silence le défilement des électronvolts. Une fois les calculs achevés, il reprend :

— Tu aperçois sur l'écran une quantification de l'énergie d'un système astronomique ramené à quelques-uns de ses paramètres micro et macroscopiques. C'est une simple simulation informatique que nous utilisons comme programme d'étude. Elle n'est d'ailleurs pas entièrement juste, car tous les paramètres physico-chimiques ne sont pas pris en compte... Mais elle fournit une approche de l'état actuel de notre connaissance des disparités et des incohérences entre les différents niveaux de complexité de la matière dense. En les traduisant en quantum d'énergie, nous tentons de les ramener à leur dénominateur commun.

Tenant à la main une sorte de télécommande, mon frère se tait, le visage tourné vers l'écran où, étrangement, le monde est traduit simultanément en images et en équations algébriques ou trigonométriques. Ensemble, nous examinons l'extravagant panorama qui, après s'être immobilisé durant quelques instants, glisse vers une nouvelle transformation : les informations numériques s'effacent, se fondant dans les éléments qu'elles exprimaient, tandis qu'un voile laiteux émerge et envahit tout le fond de l'espace avant de se propager aux objets qui émettent une sorte de transpiration lumineuse, diaphane, ombrée de nuances en clair-obscur.

Quelques instants s'écoulent durant lesquels un système d'irradiation a imprégné la totalité de l'espace et de ses objets qui semblent fondus dans une enveloppe luminescente dont ils se distinguent à peine.

Micael n'a pas quitté l'écran des yeux, sa télécommande agissant vraisemblablement sur les paramètres qui défilent. Rompant le silence, je l'interroge :

— Tu viens certainement d'accroître la mise en évidence de l'intensité énergétique, non ?

— En effet. J'ai activé la visualisation du spectre électromagnétique fondamental et élémentaire. Le voile qui scintille autour de nous et en chaque chose exprime l'énergie primale qui sous-tend toute chose créée. Cette énergie n'est pas, comme l'estiment les scientifiques terrestres, une irradiation provenant de la matière. Non. C'est au contraire la matière qui dérive de cette énergie originelle dont les objets ne sont qu'une déclinaison temporaire, générée dans les structures de l'espace et du temps.

Après un silence, il ajoute :

— Comme tu le vois, tout est vivant. Tout ! Rien n'est inerte. Absolument rien.

Je suis subjugué. L'aura qui a submergé la totalité de l'univers environnant pulse comme s'il était animé de vibrations internes imperceptibles, de lents frissons parcourant une épine dorsale invisible, ondoyant et se prolongeant à l'infini à la fois dans l'espace et au cœur de chaque substance. Elle semble respirer comme un nuage vivant ou comme un gigantesque oiseau dissimulé sous son plumage mouvant. Le spectacle tient du prodige. Nous ne nous lassons pas d'en épier chaque palpitation, chaque atermoiement, chaque souffle. Monte alors à mon esprit une phrase dont le murmure s'extrait machinalement :

— *L'esprit souffle où il veut...*

— ... et tu en captes le bruit et l'onde, se propageant en chaque parcelle de l'univers, ajoute, en écho, juste au-dessus de ma tête, une voix dans laquelle résonne le timbre à la fois doux et puissant d'Angelo.

Micael sourit.

— Tu l'as compris. C'est bien de cela qu'il s'agit, en effet. Nous sommes, ici, au cœur de l'Unicité. Nous ne contemplons plus seulement le doigt pointé vers le firmament, mais le Ciel Lui-même.

Pénétré par le spectacle de la Vie fourmillant du plus profond du cosmos jusqu'au cœur de chacune de ses particules, je ne parviens pas à m'en détacher. Un flot de larmes monte en moi et me submerge. L'ineffable inonde mes yeux, voilant mon regard saturé d'une énergie incommensurable. Je ne fais qu'un avec l'univers, uni à un absolu qui m'englobe, me pétrit, abolit toute distance et vibre en chacune de mes fibres de son absolue perfection. J'éprouve, dans cet instant-là, le meilleur qui puisse m'être donné.

J'hésite un moment avant de questionner à nouveau Micael :

— Est-ce là l'effet du rayonnement fossile ? L'écho du Big Bang ?

— Ce n'est pas précisément un écho, mais plutôt une vague de fond. Un flux fondamental, me répond-il en ramenant, à l'aide de sa télécommande, la simulation spectrale de l'univers à son apparence initiale. Sa visualisation ne relève que du traitement d'image. L'existence de ce rayonnement dit *fossile* ne nous fournit que des indices, des traces, non la clef de l'unicité elle-même, incarnée par la convergence des forces – ou des interactions – qui animent notre univers. Cette clef est énergie. Pure énergie. Sa mise en évidence dans un cadre scientifique permettra aux hommes de comprendre leur place dans l'univers créé, dont ils occupent une aire mais pas le centre, évidemment.

— Les savants ne pressentent-ils pas, depuis un certain temps déjà, cette absence de dualité fondamentale ?

— Ce n'est pas encore une évidence pour le monde scientifique, aux prises avec des hypothèses non validées et toujours en quête de la particule élémentaire initiale de laquelle tout serait parti. Cette quête constitue en réalité une fausse piste : les particules ne sont que des sédiments de l'énergie primale. C'est pourquoi, ici, nous ne différencions pas l'analyse technique, l'analyse mathématique et l'intuition spirituelle. Ce sont les doigts d'une même main, les outils portés par un même levier.

Je suis ébahi. Micael me regarde avec un large sourire.

— Tu as évoqué précédemment – j'ai entendu tes pensées – les vagues de malaise que tu as ressenties juste après ma mort. Tu t'en souviens ?

— En effet. Je n'osais pas t'ennuyer avec ce petit souci anecdotique.

— Tu as été atteint par les flux de tristesse émanant de mon état intérieur morbide. En prenant conscience que je quittais le monde terrestre, j'ai pensé à toi, sachant que tu connaissais l'existence d'une « vie après la mort », dont nous avions si souvent parlé ensemble ; et j'espérais te faire part de ma présence, te communiquer mon désarroi et te faire partager, en quelque sorte, ma détresse, autant pour t'informer de ma survie à mon triste sort que pour tenter de t'en consoler. Et aussi pour que tu me pardonnes du chagrin que je causais à ma famille en quittant si brutalement la vie que nous partagions. Ce que tu as ressenti physiquement, c'est l'énergie de mon esprit qui venait alors te solliciter, l'onde commune à nos deux existences, leur unicité.

Micael sourit tristement à ce souvenir. J'acquiesce :

— Oui... C'était comme des bourrasques heurtant ma conscience et la faisant tanguer. Pendant plusieurs jours, jusqu'au moment de tes obsèques, je défaillais toutes les cinq secondes. Impression vraiment troublante et guère agréable. Je me rendais compte que je ne souffrais pas d'une défaillance hépatique ou cardiaque. Je ne ressentais pas ces atteintes comme un mal corporel. Je m'interrogeais sur l'origine de ce phénomène que j'éprouvais, sans oser penser que ton esprit tentait de m'interpeler ; mais bien sûr, après avoir appris ton accident, je l'ai supposé.

— Notre fraternité est liée par des forces puissantes qui traversent et dépassent le temps et l'espace. C'est la fréquence vitale de nos êtres qui nous lie non au-delà de nos corps physiques mais, à travers eux, à l'ensemble de nos corps subtils, âme et esprit.

Emerveillé d'entendre cela, j'en suis transporté. Nous sommes et restons un en deçà de nos différences. C'est la base de notre intuition. Puissions-nous continuer à communiquer ainsi, à travers nos fréquences vibratoires respectives !

Micael me serre une nouvelle fois dans ses bras. Il ajoute alors :

— Nos âmes ne sont pas séparées de façon absolue. Elles sont toutes liées les unes aux autres – je devrais dire convergentes – au sein de l'énergie primale que j'évoquais tout à l'heure. L'unicité est notre *unité dynamique profonde*, ultime. Elle scelle notre solidarité indéfectible et absolue. C'est elle qui alimente le moteur de la charité. Elle tisse les liens de l'amour. La haine en traduit la dislocation et la rupture. Nos existences propres ne sont que les détours que nous faisons avant de revenir à Elle. Alpha et Oméga.

Micael me regarde en souriant, visiblement ravi d'avoir pu partager avec moi une des vérités les plus fondamentales de l'univers, qu'il a découverte ici. Puis, revenant à ma présence en ces lieux, il me confie :

— D'ailleurs, ici, tu vois, nous sommes tous associés au sein d'un ensemble soudé, uni, participant du même *esprit d'équipe*. Nos consciences sont comme liées ou interconnectées. Nous formons une même famille, unie.

— Et les guides qui vous supervisent font également partie de cette communauté ?

— Oui. Ils sont à la fois nos frères et experts dans les domaines auxquels appartiennent nos projets scientifiques et techniques susceptibles d'être développés dans la matière.

— Tu veux dire : sur Terre ?

— Dans un corps de chair ; dans la matière dense. Pas seulement sur la planète Terre... Sur d'autres sphères cosmiques également. De cela, nous ne décidons pas nous-mêmes. Nos guides nous encadrent avec autant de rigueur que de bienveillance. Nous définissons en commun nos missions et les objectifs que nous allons poursuivre, ainsi que lesquels d'entre nous y participeront en fonction de nos aptitudes à les accomplir... Progressivement, je me suis donc intéressé aux travaux conduits ici par mes amis chercheurs, et plus particulièrement aux moyens de développer la convergence biologique, aux côtés de Rachel.

Une inflexion chantante effleure de son trémolo le prénom de la biologiste d'origine américaine. La science, qui a lié mon cher Micael à la gracieuse savante, tremperait-elle ses racines aussi dans l'intelligence du cœur ? Micael a lu dans mes pensées, auxquelles il répond par un large sourire.

— Tu sais, ici, l'amour est roi. L'amour pur, sincère, platonique et désincarné, ajoute-t-il en regardant en lui-même.

Je le laisse à sa méditation sentimentale.

Puis il me décrit quelques-unes des enquêtes effectuées par observation directe dans les régions ravagées par les *biocides* – terme employé par Rachel pour désigner les pesticides de synthèse, notamment le DDT, qui furent son premier cheval de bataille sur Terre et qu'elle n'a pas réussi à faire interdire avant de mourir, elle aussi à un âge précoce, en 1964.

Avec gravité, Micael exprime sa vive inquiétude en évoquant les terribles ravages liés aux déséquilibres biologiques qui affectent de façon croissante les systèmes vivants à la surface de notre planète. Il me laisse entendre, de façon non voilée, que la survie humaine, sur la Terre, n'est aujourd'hui plus qu'une question de décennies. Non du fait de l'évolution climatique, mais à cause des dégradations croissantes de nos ressources vitales et des atteintes mortelles dont notre développement anarchique affecte l'équilibre du vivant.

Mon frère me regarde sentencieusement et ajoute :

— Tu sais, cette Terre a déjà été mise en danger, à plusieurs reprises, par de puissantes civilisations ayant précédé celles que nous connaissons. C'était aux tous premiers âges de l'humanité, il y a plusieurs centaines de millénaires. Les tous premiers hommes sont apparus sur notre planète il y a environ trois millions d'années. Je parle bien des hommes, non des humanoïdes, beaucoup plus anciens, eux... Toutes les occupations de cette Terre ont conduit ses occupants aux mêmes menaces destructrices sitôt qu'ils eurent atteint un stade de développement avancé. Lorsque l'humanité se découvre de la puissance, elle se laisse tenter par des usages inappropriés de sa force en l'orientant vers des buts de domination physique au lieu de rechercher l'harmonie avec son origine vitale et spirituelle. Chaque fois que des groupes humains se sont trouvés confrontés au danger de leur auto-prédation, c'est en se recentrant sur l'harmonie avec les racines universelles de toute vie qu'ils ont trouvé les ressources pour les surmonter. Chaque fois, oui. C'est ce que l'on apprend ici, en observant le passé de la planète. Tu peux me croire. On n'étudie pas à proprement parler l'histoire du monde, mais nous en mettons à jour les véritables ressorts, la dynamique profonde, les forces maîtresses. Tu vois ce que je veux dire ?

— Je vois. Ce que tu me dis là ne me rassure pas. Hélas, nous en observons chaque jour les stigmates autour de nous.

Micael hoche la tête. Je sens qu'il retient en lui quelques autres confidences. Il ajoute avec gravité :

— Nos chances d'espérer atteindre le siècle prochain dans un état d'intégrité durable se réduisent considérablement, de jour en jour. Les « Gardiens de la Terre » préserveront notre planète contre toute atteinte irrémédiable... Si nécessaire, ce seront ses occupants qui seront sacrifiés, conclut-il sur un ton navré.

Ces paroles – qui ne me surprennent pas – sonnent, dans sa bouche, comme un glas sinistre et désolant. Conscient de l'effort de mon frère pour me faire comprendre la tragique situation de notre monde sans en dévoiler plus de secrets, je me garde bien de poser plus de questions. Micael a toujours incarné à mes yeux le désir de vivre et l'optimisme. Mais je sens ses paroles très en deçà des dangers qu'ils évoquent.

Prenant de la distance avec ces considérations générales, Micael me montre des centaines d'observations conduites avec les équipes de Dawal, un de ses compagnons de laboratoire, sur les POP – Polluants Organiques Persistants –, notamment dans le cadre de la lutte contre le paludisme par l'éradication des moustiques, observations également menées avec son ami Lazare.

Micael tend la main et un écran s'éclaire sur la paroi qui nous fait face. Telle une caméra embarquée sur un drone, l'image dévoile, vu de très haut, un défilement de collines au-dessus de champs cultivés. L'objectif serre ses plans sur le cœur de la végétation et zoome jusqu'à nous placer à l'échelle de l'abeille ou de la fourmi.

— Regarde, lance-t-il en croisant les mains devant lui.

Le spectacle est édifiant : au cœur de la prairie, dans les entrelacs de tiges et de racines, pas un seul insecte. La terre laisse tout juste filtrer l'eau. Aucun vermisseau, pas de papillon, ni de criquet, ni d'abeille, pas plus que d'araignée ou de fourmi. La terre est absolument vierge. L'image descend dans le sous-sol : pas de vers, pas de galerie d'insectes pondeurs comme le scarabée ou le hanneton.

Les sols ont été tellement inondés de pesticides qu'ils sont devenus désertiques. La flore fait illusion en envahissant et couvrant encore les surfaces, mais la faune est désormais en perdition. Absente. Sur des millions d'hectares. Partout où la culture intensive, industrialisée, notamment céréalière s'est développée, les organismes vivants ont été détruits ainsi que la plupart des micro-organismes qui servaient d'agents nutritifs, digestifs ou reproducteurs aux différentes familles d'êtres vivants. Quelques espèces résistent et tentent de subsister, mais le compte à rebours est enclenché pour la plupart d'entre elles.

Heureusement, les forêts des pays non exploités par l'agriculture chimique ainsi que les continents dépeuplés continuent à héberger la vie naturelle, dite *sauvage*. Y vivent encore des coléoptères : scarabées, capricornes, charançons, staphylins, coccinelles, chrysomèles ; des insectes : mouches, abeilles, guêpes, frelons ; et des rongeurs, des oiseaux, des mammifères sauvages, etc. Ce sont les derniers refuges de la chaîne vitale dont on ne retrouve ailleurs plus que des segments appauvris, en cours de dévitalisation. Notamment à proximité des cultures fruitières où les POP se trouvent en quantité croissante. Ils s'accumulent dans les sols et infestent les cours d'eau puis leurs occupants : poissons, batraciens, insectes et micro-organismes aquatiques.

Je revois, dans un éclair, les myriades de papillons de toutes couleurs s'envolant devant nous lorsque nous courrions dans les prés situés autour de notre maison, à Méluine, au temps heureux de notre enfance. Des sauterelles par milliers giclaient des hautes herbes au passage de nos fines jambes d'enfants. Toutes sortes d'insectes et de petits mammifères fourmillaient d'une vie foisonnante.

L'œil qui porte notre regard dans les entrailles de la nature grossit brusquement un tronc d'arbre au creux duquel bourdonnent quelques milliers d'abeilles brunes, laborieusement occupées à leur ouvrage. Le murmure des ouvrières est brusquement surmonté par une voix claire qui s'élève du cœur des rayons de cire :

— Notre existence est en passe de s'éteindre sur les territoires où nous avons butiné et essaimé durant des millénaires. Nos lieux de vie reculent devant l'assaut des poisons répandus sur nos fleurs. Les hommes réussissent l'exploit de détruire la vie en corrompant leur propre nourriture en même temps que la nôtre. Mon corps se dénude des cadavres de mes ouvrières qui sont autant de cellules composant mon système vital. Elles ne s'enivrent plus du nectar des corolles, mais perdent le sens et leur esprit après avoir butiné des étamines gorgées de toxiques. Mes filles et mes sœurs ne veulent plus vivre dans ce monde. Elles le redoutent et finiront par le déserter ; elles se réfugient de plus en plus haut, au-dessus de vos têtes, loin de votre atmosphère empestée et de vos contaminations. Durant plusieurs dizaines de millénaires, nous avons offert aux habitants de la Terre nos meilleurs sucs et notre plus pure gelée. Ces liqueurs de soleil ne les nourriront bientôt plus. Notre planète est en train de devenir une épave biologique.

Cristalline comme un tintement de sonnaille, la voix se tait. Elle n'a exprimé aucun jugement, ni tristesse, ni révolte. Elle a simplement dit : « Voilà ce que les hommes font. » C'est l'âme mère d'une colonie d'abeilles, une belle âme, noble, digne, bienveillante même dans sa funeste dénonciation.

Micael prend le temps de m'expliquer ce que je croyais réservé aux contes pour enfants : les animaux parlent. Aussi clairement que nous. Ils ont une âme, un esprit et une conscience, parfois hautement développés, souvent plus sensibles que les nôtres et dotés d'une authentique sagesse. Ils ont l'intuition des phénomènes que nous tentons d'appréhender avec des concepts et des formules mathématiques. Ils ne sont souvent pas individualisés comme nous, ni libres d'agir selon leurs caprices ou leur fantaisie. Ils n'ont pas à leur disposition un opérateur apte à penser et calculer des stratégies, constructives comme destructrices. Ils sont programmés pour occuper un espace ou un courant de la vie universelle et participer, de leur place, à l'harmonie du vivant. La situation égocentrique que nous occupons, nous humains, sur Terre, ne nous a pas encore permis de lever notre regard assez haut pour les observer attentivement et comprendre leur véritable nature.

À son tour, Micael se tait. Je saisis parfaitement le sens de ses paroles, moi qui croyais naïvement l'homme roi de la création, maître de la Terre aujourd'hui, de l'Univers demain, doté des plus puissants pouvoirs de réalisation que l'on puisse imaginer. Je commence à descendre l'homme moderne de son piédestal : celui qui a su prendre conscience des immenses capacités de son génie et a commencé à les mettre en œuvre à travers l'avènement de la science, les performances de la technique et les inventions de ses organisations sociales. Et qui, avec ces merveilleux instruments, n'a rien trouvé de mieux que de massacrer son jardin.

Sans formuler de paroles, Micael répond à mes réflexions lues sur le fil de mes pensées. Non, sur ce dernier point, nous n'avons pas su tirer profit de notre intelligence. Les architectures sociales les plus ambitieuses inventées par l'homme ont, à ce jour, produit certes du bien-être, mais également des prédations et des destructions considérables. Les pires dégradations ont été engendrées justement par les civilisations les plus cultivées. Les plus odieuses motivations ont poussé leurs auteurs aux plus répugnants carnages. Avec la rationalisation des méthodes, nous atteignons des sommets dans la cruauté et dans l'efficacité de nos nouvelles barbaries. Généreusement, mon frère conclut :

— Nous ne devons pas nous affliger de ces erreurs. Non. À travers elles, nous ne faisons qu'expérimenter le risque de vivre et les conséquences de notre liberté. Sans liberté, pas d'aventure. Sans aventure, pas de découverte. Sans découverte, notre existence resterait limitée à notre programme initial, à des automatismes répétitifs. Comme ces jouets qui tournent sur leurs rails et s'arrêtent d'eux-mêmes aux endroits prévus par leur constructeur. Nous sommes dotés de capacités de dépassement quasiment infinies. Au niveau de notre esprit, bien sûr. C'est pour cela que nous nous relevons de chacune de nos chutes. Après chaque défaite, nous fourbissons de nouvelles armes et repartons au combat, vers de nouvelles conquêtes. Lorsque nous aurons tous compris que nos véritables ennemis ne sont pas à nos frontières, mais en nous, au cœur de nos désirs et de nos convoitises, alors s'ouvriront sous les pas de l'humanité des voies nouvelles qui nous conduiront vers des paradis inconnus dont nous ne soupçonnons même pas les potentialités.

*

Rachel

La jeune femme qui vient à notre rencontre – je l'ai reconnue immédiatement – est la charmante Rachel. Ici, tous les êtres irradient une grâce naturelle. Mais Rachel porte la majesté au fond de son être. Les yeux de Micael en portent le reflet. Je le découvre dans l'étincelle des regards qu'il pose sur elle. C'est un phénomène inattendu, que je n'imaginais pas possible. Et pourtant, je le constate ici, dans le monde que Micael me fait visiter où tout rayonne, magnifié. De toute évidence, Rachel me connaît déjà. Elle a eu l'occasion de m'observer au cours de quelques explorations terrestres accomplies en toute discrétion aux côtés de mon frère.

C'est le destin qui a tracé un pont entre Rachel et lui : tous deux ont apuré, au cours de leur dernière vie terrestre, le lourd débit de leur passé. Rachel avait tenu le rôle d'une sorte de Charlotte Cordet - audacieuse justicière - dans l'Autriche des Habsbourg. Alors promise à un bel avenir scientifique, elle s'était précisément incarnée avec cet objectif. Mais elle s'est imprudemment mêlée à une querelle fratricide qui ne la concernait qu'indirectement. À quelques années près, son forfait fut contemporain et identique à celui de Micael.

Côte à côte, Rachel et Micael semblent sœur et frère. Mêmes gestes, mêmes regards, mêmes silences. Une sorte de supra-gémellité. Du coup, cette Rachel prend place aussi dans mon cœur, et nous vibrons tous trois quasiment à l'unisson.

Mondes

Tandis que les deux scientifiques se penchent sur une série de graphiques que la jeune femme a fait surgir d'un prisme de lumière instantanément apparu sur une console, je contemple, ébloui, le monde vu de notre perchoir. Plusieurs couches de réalité se superposent, se liant sans totalement s'interpénétrer. Le monde physique est tout en bas, très loin, inaudible, recouvert de nappes fluides d'énergie tantôt fine et légère, tantôt saturée, parfois aussi dense que du bitume. L'ensemble cependant revêt des formes harmonieuses. Comme un tableau de Géricault où les armes se croisent sur des corps s'éprouvant au combat, dans leur vie comme dans leur mort, sans tomber, sans chuter, sans rendre leur souffrance ou leur déchéance visible. On devine leur tumulte sous une cuirasse de fumée et de cendres. Nos petits soucis de terriens, l'Univers, lui, n'en a cure.

Chute et tremblements

Tandis qu'à l'écart, mon génie de frère analyse, compare et tente d'interpréter les données rapportées par sa non moins savante collègue, sous mes yeux prend forme un spectacle étonnant – une scène que je n'aurais peut-être jamais dû voir.

Dans une minuscule cabane, seule, une femme met bas. La petite boule de chair tombe au sol sous elle, entre ses cuisses écartées et maculées. Un cri rauque s'arrache de sa poitrine, étouffé dans sa gorge. Sans un regard pour la chose qu'elle vient de mettre au monde, la femme se nettoie, s'arrange à la hâte puis enveloppe le minuscule corps dans un journal qu'elle glisse au fond d'un sac en plastique et cache sous son manteau.

L'air glacé de la rue gifle le visage étonnamment jeune de la curieuse maman qui marche droit devant elle, vive, déterminée, le regard sec. Plus tard, près du haut portail d'une sorte d'usine désaffectée, une rangée de containers dort dans l'ombre. Soulevant le couvercle de l'un d'eux, elle y fait basculer le paquet froissé qui roule entre sacs et rebuts, puis elle allonge un peu plus son pas qui claque sous les charbons de la nuit.

Dans le papier imprimé, le pauvre corps s'agite. L'enfant a pris sa respiration. Il cherche de l'air, pousse sur ses pieds, remue ses bras et finit par émettre un cri. Le froid l'enrobe. Il lutte, fouille l'espace, tâtonne, étire le menton vers une improbable surface où la lumière, la chaleur et l'amour lui seraient rendus. Un homme passe en titubant sur le trottoir. Comme s'il l'avait entendu arriver, l'enfant redouble de cris. Ses larmes implorent du secours. Le papier fond contre sa bouche. Il va se faire entendre. On ne peut pas le laisser là. Ce n'est pas possible. Sa vie tente de forcer le cocon du journal, fuyant entre ses lèvres, vibrant contre sa gorge, sous son menton. La retenir. Ne pas la laisser échapper, à aucun prix !

Le type s'éloigne. Le froid s'affale. Les pleurs du bébé diluent l'encre qui macule ses paupières. Son souffle se raccourcit. La gamine, qui l'a expulsé de son utérus une heure plus tôt, arrive chez elle, son sac d'écolière en bandoulière. Très pâle, elle file dans sa chambre, se jette sur son lit et enfonce ses ongles dans son oreiller en tentant de repousser les images qui l'assaillent. Ne pas penser ! Il n'y a pas d'enfant ! Il n'avait pas à venir là, n'était pas attendu, n'y avait pas sa place ! Il n'existe pas, n'a jamais existé.

Ça gargouille vaguement au fond de la poubelle. Un léger froissement. Les gémissements s'éteignent. Le gosse se résigne. Il a compris. Ses yeux se closent sur son sort. Sa minuscule poitrine tente encore de happer quelques parcelles d'oxygène, en vain. Ses doigts s'ouvrent contre la muraille de son cercueil, s'y agrippent, glissent et se referment sur le vide. Son souffle s'éteint.

*

Je lève les yeux ; Micael est parti, sans doute entraîné, avec Rachel, vers un lieu mystérieux, lointain, quelque champ d'expérimentation ou d'observation. Je ne sais que penser...

Dois-je l'attendre où m'en aller ?

Je cherche du regard un espace où me faire oublier. Mais au-dessous de moi, la scène précédente me ramène à elle : au fond de son drôle de linceul en plastique, le corps du bébé s'est définitivement figé tandis que son esprit s'est retourné sur lui-même.

Réminiscences

C'est l'épouvante. Au-dessus de la tête du cadavre de bébé, des cris éclatent mêlés de pleurs, d'ordres rauques, de claquements de portières, d'aboiements furieux puis de silence terrorisé. Les frottements du métal et de la peur. Des mains d'enfant qui se serrent sur ce qu'elles trouvent. Les crocs des chiens furieux et menaçants, le froid sec et dur, les gestes mécaniques de la mort qui s'est mise en marche et avance face à eux, masquée par les grimaces de plomb des exécuteurs verts et gris. Ordres vociférés, coups de pieds, de poing, de feu tiré dans la nuque d'un récalcitrant qui se liquéfie au bord du quai, qu'on enjambe en feignant de ne pas avoir vu. On attend et on avance en masse vers l'incertitude avec l'espoir que le pire est passé. Nus devant la porte, on piétine, on se serre, on s'entasse, on se mêle, on étouffe.

La nuit se fait.

On s'agrippe aux membres, aux os, aux cheveux, aux chairs ; on a compris : le pire est là ! Il nous choit sur la nuque, dans les yeux, enflamme nos tripes. On monte les uns sur les autres en espérant trouver une issue, une fenêtre, de l'air, de la fraîcheur, de la vie. Les ongles lacèrent reins, ventres, visages ; raclent un mur, s'enfoncent dans des viscères tandis qu'on est agrippés, frappés, piétinés, écrasés, foulés, réduits en bouillie compacte et que l'horreur nous a déjà rendus fous. La fureur explose en râles puissants, prolongés, en plaintes, en souffles, en affaissements. Tous mélangés dans la même stupeur, des os claquent tandis que le gaz fait taire les derniers mourants.

L'esprit du nouveau-né, mort au fond de la poubelle, éprouve, une énième fois, le supplice qu'il a fait subir aux enfants d'Izieu ainsi qu'à toutes les victimes inscrites sur les listes où il a apposé son nom et sa griffe. C'était au temps des funestes prédations du délire nazi dont il fut un des zélés artisans.

38

L'esprit du corps figé dans le conteneur vit et endure cette remémoration pour la trente-huitième fois. Trente-huit fois, il a accompli le chemin de l'incarnation dans l'utérus d'une femme qui a refusé sa naissance, repoussé et détruit sa vie nouvelle soit parce qu'elle avait été sexuellement forcée, soit parce que son existence était incompatible avec la présence d'un enfant dans son giron. Trente-huit fois, l'âme de celui qui fut un certain *Klaus* est passée de la douce chaleur utérine de sa mère directement dans un linceul de chiffon, de papier, de carton ou de plastique, avant d'être jeté, tiède et vivant, dans un puits, dans un brasier, dans une fosse remplie de béton liquide, dans un congélateur, dans un hachoir de boucher, dans une bassine d'eau de javel ou d'ammoniaque, dans un bidon de fuel, dans un trou creusé au milieu des bois, dans un broyeur industriel, dans une fosse septique, dans la mer, dans un bain d'acide, dans une mangeoire à cochons, dans une poubelle... Trente-huit fois comme trente-huit des quarante-quatre vies arrachées aux enfants d'Izieu... Il lui reste encore six expériences semblables à vivre, à supporter et à souffrir en vue de son expiation.

Pendant ce temps, Marta, la toute jeune maman qui a laissé mourir son enfant au milieu des ordures, a cessé de se nourrir, perdu le sommeil et lâché le lycée. Elle roule sur la pente d'un lent désespoir.

Le petit corps de son bébé a été projeté dans une benne, compressé et broyé au milieu des immondices, puis propulsé dans la cuve d'un gigantesque incinérateur où il a été carbonisé et réduit en cendres. Il sera épandu parmi des engrais agricoles. Marta ne parvient pas à effacer de son esprit la vision du petit corps qu'elle a assassiné...

*

L'âme de celui qui fut *Klaus*, aux prises avec sa mémoire, plane au-dessus du lieu de son incinération, puis émerge ici, non loin de nous. À ma grande surprise, je l'aperçois en train de gravir le sentier conduisant à l'une des plateformes, située sur notre droite, où il prend pied.

Plus surprenant encore, en s'approchant de nous, la silhouette a perdu sa forme de bébé ; elle a changé progressivement d'aspect et revêt à présent l'apparence d'un ancien combattant, sans âge, légèrement voûté, marqué de multiples contusions.

Insensiblement, je me suis porté près du lieu où il a débouché. Une femme l'y accueille avec des gestes attentionnés. Ses paroles sont indistinctes, mais elles ont la tonalité d'une consolation bienveillante. Un homme un peu plus jeune l'accompagne. Ils prennent le nouveau venu sous les bras en tentant de le réconforter. Lui ne dit rien. Fataliste, il s'attendait au dénouement qu'il vient de subir. En se rendant sur Terre, il connaissait d'avance, en le redoutant, le sort qui allait lui échoir. Toutes ses tentatives précédentes ont ainsi avorté de la pire des façons.

Félicien

Mon guide est apparu. À mes côtés, il assiste à la pathétique déambulation de l'ombre dont je découvre à la fois l'existence et les ignominieuses péripéties. Félicien ne commente pas. Il me laisse accéder seul à l'opinion que m'inspire cette scène surréaliste. Bizarrement énigmatique, il attend de toute évidence une réaction ou un mot de ma part.

Jusqu'au moment où l'homme se tourne vers moi, je ne l'avais pas encore vu ainsi. Lorsqu'il passe près de nous, je suis traversé par une violente secousse : ce visage anguleux, ces prunelles claires, ce rictus cruel ont circulé sur les écrans du monde entier lors de son procès. Sans prononcer un mot, l'homme enfonce son regard en moi tel un poignard. Nous ne nous connaissons pourtant pas. Je ne lui ai rien fait. Mais je tressaille de la tête aux pieds tandis que mon esprit s'éclaire : face à moi, c'est le bourreau des enfants d'Izieu qui vient de subir le sort de l'un d'eux. Le « boucher de Lyon » !

— C'est bien lui, commente calmement Félicien, en hochant la tête gravement.

— Est-ce possible ? soufflé-je, ébahi. Que fait-il ici ?

— Il n'appartient pas tout à fait à ce monde-ci, mais de bonnes âmes veillent sur lui et lui viennent en aide. Regina et Georg, son épouse et son fils, tous deux décédés peu de temps avant qu'il soit capturé puis jugé, lui sont restés proches, même après leur décorporation. Ils appartiennent à la même lignée et furent de nombreuses fois, alternativement, ses parents ou sa descendance. Cet homme a acquis le goût du meurtre comme d'autres s'accoutument à l'alcool ou aux substances toxiques : au fil du temps, de champs de bataille en coups de force, puisant un plaisir croissant à détruire des vies et accomplir des carnages, il s'est fabriqué une personnalité perverse qui a atteint son point d'orgue dans l'emploi que lui a fourni le nazisme où ses tendances sadiques ont pu s'épanouir au grand jour, presque de façon officielle. L'organisation hitlérienne du monde a fourni une quasi-légitimité à son inhumanité et libéré ses dernières réticences de prédateur. Elles se sont d'ailleurs renforcées lorsqu'il fut employé par les services secrets des pays alliés, puis par les dirigeants des pays sud-américains en lutte contre les guérilléros. Il est devenu prédateur professionnel...

Je reste sans voix. À quelques mètres de nous, haletant, l'individu semble descendu de la montagne de Sisyphe. Son souffle, il y a quelques minutes muré dans le papier du journal, émet encore les râles de sa suffocation agonisante. Son regard projette toujours des éclairs de panique. Toutes les boues de l'humanité roulent en lui des monceaux de haine et de peur, les déchirures et les atrocités qu'il a infligées à ses victimes. Des flammes vertes et rousses s'échappent de sa carcasse repoussante. Une odeur de fauve en décomposition s'en dégage.

Félicien se tait.

Il laisse Régina et Georg entraîner leur mari et père à l'écart, dans un dédale de rocs et de grottes sombres et chaotiques où d'autres amis encore les attendent. La monstruosité de cet individu n'a bizarrement pas altéré l'affection qu'ils lui portent.

*

J'implore quelques explications auprès de mon guide Félicien. Celui-ci me conduit vers un lieu de paix nimbé de lumière où nous nous installons, puis il m'apporte les précisions suivantes :

— Cet homme a torturé et fait tuer un nombre impressionnant de personnes. Les enfants d'Izieu en sont les symboles les plus célèbres ; mais des cohortes d'inconnus ont été broyées entre les mâchoires de ses décisions cruelles.

Nous nous asseyons non loin de la fontaine de Sabaoth. Félicien prend tout son temps. Je sens qu'il hésite sur l'étendue des révélations qu'il pourrait me confier.

— Les grands prédateurs franchissent les limites de l'irréparable. Passées ces lignes rouges, tout retour en arrière leur devient impossible. Ce sont des êtres perdus, le plus souvent irrécupérables. Ils s'enfoncent dans les abîmes qu'ils ont eux-mêmes creusés. Ils finissent par s'y engloutir, et nul ne peut les en retirer. C'est le risque ultime de la liberté. Nous en avons déjà parlé...

En effet. Les précieux enseignements de mon guide résonnent encore en moi.

— Tu le sais également, la vie est plus puissante que la mort. Elle la domine comme la plénitude triomphe du vide, comme l'être abolit le néant... Peu de temps avant d'être capturé et de comparaître devant le tribunal, cet homme a eu la chance – si j'ose dire – d'avoir perdu deux êtres qui lui étaient infiniment chers : son épouse Regina et son fils Georg. Ces personnes constituaient sans doute son dernier lien avec la dignité, et peut-être une ultime passerelle vers une nouvelle vie honorable. Il aimait profondément son épouse et son fils qui se tua dans un accident d'aéronef. Il éprouva un immense chagrin à les voir disparaître prématurément. Ces derniers n'ignoraient pas les crimes odieux auxquels il s'était livré au cours de son safari destructeur tant en Allemagne qu'en France puis, après la guerre, en Bolivie. Lorsqu'il mourut à son tour, ils l'attendaient. Regina est une femme généreuse et pleine d'abnégation. Elle a sacrifié sa vie, en silence, auprès de cette brute barbare, en activant un lien fort avec lui, ce lien par lequel elle tente aujourd'hui de le ramener au monde des humains. Aidée de son fils Georg et de plusieurs entités de puissance supérieure, Regina l'a persuadé de la suivre sur la voie de la réhabilitation. Elle y consacre tout son temps, toute sa foi, toute son énergie.

— Comment s'y prend-elle ?

Félicien ramène sur lui la longue toge qui couvre son immense silhouette.

— Tu connais le fil qui conduit au rachat, à la rédemption, à la réconciliation ? Il en existe un seul...

— L'amour. La charité...

— En effet. Et le sacrifice pour autrui, le martyr, également, qui en font partie. L'amour inconditionnel est le canal par lequel passe nécessairement la vraie vie, celle qui porte les êtres vers leur vérité intérieure, à la fois le véritable agent de leur émergence dans ce monde et l'ultime but de leur existence.

Félicien se tait. Son regard se perd dans l'onde agitant le pied des joncs de la fontaine, autour des rochers, puis au-dessus, dans les lumières subtiles du jour.

— Notre Père vous a créés, vous, les humains, pour que triomphe la Vie, pas pour sa prédation. Tout ce qui vit a le privilège d'être une élection. Gâcher cette chance est une offense à la Création, un sacrilège.

Je n'ose pas répondre que notre Père, Lui, n'hésite pas à détruire la vie à travers les phénomènes que la nature produit. Les volcans, les tremblements de terre, les débordements d'eau et de feu emportent les êtres vivants par millions... Félicien a entendu ma pensée. Il ne s'en offusque pas.

— Ce n'est pas Dieu qui détruit les créatures. C'est le cycle vital générateur de leur mue. Au sein de ce cycle vital, les notions de bien et de mal n'existent pas. Ce que l'on nomme *mort* n'y est que la perte apparente et temporaire d'une forme éphémère de la vie. En fait, la mort marque les phases de transition inscrites dans les cycles naturels de l'évolution. La vie se génère dans les replis du temps et de l'espace précisément créés pour qu'elle s'y déploie. Tout ce qui vit n'est que mutation de formes anciennes en formes nouvelles qui, souvent, ne se ressemblent pas. Lorsque l'eau se transforme en glace, elle prend l'apparence du quartz ou du diamant. Lorsqu'elle se change en nuage, elle se disperse dans l'air et devient impalpable. Et pourtant, ses molécules n'ont pas changé de nature, mais seulement d'état. Dieu n'est pas Prédateur, mais Créateur et Médiateur, Alchimiste. À travers Son œuvre, Il accomplit Sa Loi : la Loi universelle. Dans la nature, le lion dévore la gazelle. Il n'en est pas banni pour autant. Lion et gazelle sont ainsi programmés.

Les paroles de mon guide ne me surprennent pas. Je sais que c'est l'amour qui cimente toute vie. Je sais que nous devons accepter l'incroyable, l'impensable, ce qui nous paraît impossible, et que nous devons également pouvoir tout dépasser. Mais comment vivre dans un monde peuplé de prédateurs ?

— La question n'est-elle pas plutôt : que deviennent ces prédateurs lorsqu'ils quittent leur habit de chair ?

Lion de Judah

Félicien me regarde intensément. Au-dessus de la fontaine de Sabaoth, un lion énorme et majestueux s'inscrit dans un paysage désertique. Un Sphinx. Ses coussinets s'enfoncent dans un sable fin qu'on devine brûlant. Il s'allonge et tourne la tête vers nous, pattes en avant, puis déclare avec une haute solennité :

— Nous, les fauves, sommes mus par les lois de notre espèce, différentes de celles des humains. Nous nous alimentons de la chair des animaux de savanes ou de prairies. C'est ainsi. Nous n'en sommes pas responsables ; ni fiers, ni honteux. Notre cycle vital a été conçu selon ces paramètres et il nous serait impossible de subsister sans ce type d'alimentation. Lorsque nous nous emparons d'une proie, nous lui demandons pardon de l'avoir choisie et de devoir la détruire. Il n'y a aucune cruauté dans nos intentions prédatrices. Aucune volonté de nuire. Nous sommes seulement mus par notre instinct de la chasse et notre besoin de subsistance, les deux étant inscrits dans le code de notre énergie vitale. Sur ce plan, nous agissons en automates, avec une agressivité saine, dépourvue d'animosité. Vous, humains, ne vous êtes pas toujours alimentés de chair animale. Il y eut de nombreuses périodes où vous consommiez seulement des racines, des graines et des fruits. C'était le cas lorsque le Créateur vous a fait naître parmi nous, il y a quelques millions d'années. Nous avons alors reçu l'ordre de respecter votre vie. Nous ne devions vous considérer ni comme des proies, ni comme nourriture.

En ces temps, la vie déployait en abondance ses fructifications naturelles, généreusement. Les animaux de la Terre vivaient alors en harmonie entre eux, en petites colonies très localisées. Chaque espèce occupait un territoire qui lui était confié et imparti. Les humains nouvellement créés étaient tenus aux mêmes règles de vie que toutes les autres espèces vivantes. Ils ne les ont pas respectées très longtemps, hélas.

Au cours des temps suivants, les conditions de la vie ont changé. Vous avez dû adapter votre mode d'alimentation. Vous avez pris la liberté d'empiéter sur la vie de vos frères animaux pour subsister, corrompant ainsi vos corps en croyant les fortifier. Dis à tes frères que la vie animale ne vous est pas impartie. Les espèces animales existent sur Terre pour partager, avec vous, toutes les énergies vitales, non pour être sacrifiées à vos caprices ou à votre cruauté. De même que vous avez compris qu'il ne fallait pas vous nourrir de vos congénères, vous devez à présent comprendre la véritable place des autres espèces auprès de vous, donc cesser d'empiéter sur leur espace vital ; et leur demander pardon lorsque vous avez à le faire. En êtes-vous conscients ?

Le Sphinx me fixe intensément. Félicien se tourne vers moi, me laissant le soin de répondre.

— Certains hommes en sont très conscients. Ceux-là n'absorbent d'ailleurs que des végétaux, réponds-je timidement.

— Très peu d'entre vous se montrent sensibles au sacrifice de l'espèce animale pour votre survie. Infiniment peu ont pour le monde animal l'estime que mérite la vie sacrée dont il est issu. Ils ne savent pas que nous sommes, nous aussi, des parcelles divines intégrées, comme vous, dans le réseau des cycles de l'Univers. Pour votre évolution, vous devrez, un jour, apprendre cela. Le plus tôt serait le mieux.

Notre interlocuteur léonin se tait en me toisant de sa majestueuse hauteur. Je me sens intimidé, comme face à un prince ou un pharaon. À mon esprit s'impose, malgré moi, une image de l'Apocalypse : la vision du *lion de la tribu de Judah*.

À ce moment-là, le visage de la Majesté s'éclaire d'un généreux sourire de femme. La noblesse de son port, la grâce de ses mouvements, le ton chaleureusement grave de sa voix portent les traits des plus grandes figures matriarcales. Je ne peux m'empêcher de penser que l'être qui se dissimule sous l'apparence de ce *fauve* est une pure transformation de la divinité. J'en ai alors la conviction.

Toujours en retrait de ce dialogue, Félicien arbore un mince sourire amusé quand le magnifique lion opère une nouvelle transformation ; il se change en femme, se lève et vient s'asseoir légèrement au-dessus de nous, entre la fontaine et notre rocher, sur une sorte de talus en herbes, qui s'est mis à exister sous ses pas.

— Ce n'est pas pour te culpabiliser au sujet du traitement de mes frères animaux que je suis venue m'adresser à toi. Je t'ai simplement confié une information importante sur le statut de la vie animale dans l'Univers. Sache que les animaux sont des dieux au même titre que les hommes, à ceci près : leur logique est marquée d'une plus forte dépendance aux lois de la nature. Ou encore, pour le dire autrement : ils sont plus autonomes et moins indépendants, donc beaucoup moins libres que les humains. Dans leur programme, les notions de bien et de mal n'existent pas. Ces valeurs n'existent que chez les êtres non conditionnés, dotés de libre arbitre, comme les humains, auxquels elles confèrent une dignité supérieure, mais aussi une profonde responsabilité. Lorsque vous aurez appris à les connaître et à les aimer — comme le firent les peuples Amérindiens, Aborigènes, Dogons, Himalayens et Andins il y a entre cinquante et trente mille ans — vous saurez communiquer avec eux et ils vous aideront à apprendre ce qu'est véritablement *la* nature. Sache également que le monde animal est divisé en deux branches distinctes : les animaux que l'on dit « sauvages », dont la vie se déploie à l'écart des hommes qu'ils redoutent et respectent. Et les animaux que vous nommez « domestiques », dont l'âme mère a consenti à vous les associer. Leur rôle est de vivre auprès de vous, parmi vous, de vous écouter, de vous supporter en essayant de vous comprendre et de vous aider. Ils furent, pendant des millénaires, les alliés de votre travail, de vos déplacements, également de vos conflits. Ils sont encore vos amis de jeu ou de distraction, parfois de consolation. Ils vous aiment et vous respectent, même lorsque vous leur faites subir le sort atroce de certains militaires qui ne se privent pas de transformer leurs chiens en kamikazes avec un collier d'explosifs autour du cou ou de placer leurs chevaux en première ligne sans protection, dans des charges qui se terminent en massacres. Sache enfin que ces animaux que vous élevez, vous, pour la boucherie, ont accepté, avant de s'incarner, de se sacrifier pour vos besoins alimentaires. Oui, leur esprit générateur a accepté ce dévouement à la cause humaine. Lorsque tu en auras l'occasion, fais-le savoir à tes congénères. Dis-leur qu'ils doivent apprécier, respecter et remercier ces entités nobles et dignes à travers la charité qu'elles leur accordent.

Mon interlocutrice semble se concentrer et se tait. Un peu plus tard, elle reprend :

— Mais c'est au sujet de Klaus que je tiens à t'apporter certaines précisions qui peuvent t'être utiles. Acceptes-tu de me consacrer un assez long moment pour en savoir davantage ?

Je prends alors conscience du rang supérieur de l'être qui me parle. Sa simplicité ajoutée à la bonté qui émane de ses yeux et à la beauté irradiant de toute sa personne me font penser à une reine, une déesse... Simultanément, il me revient à l'esprit que mon corps n'est pas avec moi et qu'il aura peut-être besoin de mon retour, dans un délai difficile à évaluer.

— Tout se passe normalement dans le bloc opératoire... Les deux chirurgiens sont assistés par une équipe de médecins astraux qui pourvoient à toute urgence. De plus, nous pouvons allonger ici le temps à notre guise, si cela se révèle utile.

C'est Félicien qui vient d'intervenir, un peu pour me rassurer, un peu pour favoriser un dialogue dont il est certainement l'instigateur.

Dahïa

La prêtresse reprend la parole avec une douce autorité :

— Tu peux m'appeler *Dahïa*. Ce nom me fut donné par un de mes Maîtres, pour lequel nous avons tous une admiration infinie. J'en ai porté beaucoup d'autres, mais j'aime particulièrement celui-là.

J'acquiesce, de plus en plus impressionné. Elle poursuit :

— Klaus est le prototype même du monstre prédateur. Il s'abreuve et se délecte de la souffrance de ses semblables sans éprouver la moindre empathie. Ni pitié, ni regret. Les quarante-quatre enfants d'Izieu qu'il a fait conduire à la mort n'ont pas suscité en lui le moindre remords. Je ne parle pas des tortures qu'il a infligées aux prisonniers qu'il interrogeait ou des otages dont il ordonnait l'exécution. Ce qui marque la limite de l'inhumanité, ce n'est pas le nombre ou l'identité des victimes ; non, c'est la motivation qui anime l'auteur des crimes, ses intentions. Klaus était insensible au mal qu'il accomplissait. Il s'en repaissait avec perversité. Les individus qui se comportent ainsi outrepassent une limite qui les condamne à ne plus jamais pouvoir rejoindre le monde des humains. Ils s'en excluent de fait, par leur excès de déviance qui les fait sombrer dans le règne des démons auxquels leur expérience les associe. Entends bien que leur plongée dans le mal est devenue consciente et volontaire et que, dès lors, elle s'incorpore à leur être profond. Saisis-tu ce que je veux dire ?

— J'essaie de le comprends. Mais alors, que deviennent ces entités ? Où vont-elles si elles ne peuvent plus s'incarner dans le monde des hommes ?

— J'y viens. Leur déviance les fait pénétrer dans un univers où cesse d'exister la différence entre le bien et le mal. Les souffrances et les dégradations qu'ils font subir à autrui deviennent leur satisfaction. Ils ignorent toute alternative à la valeur de leurs actions.

Les paroles de Dahïa coulent sur moi comme de la glace. Un tel basculement peut-il être définitif ? J'ai le plus grand mal à me l'imaginer. Laissant patiemment mon trouble évacuer les images insinuées dans mon esprit, mon interlocutrice se tourne vers mon guide puis reprend :

— Je vois que tu n'as pas été instruit des caractéristiques du Jardin... Connais-tu le *Jardin d'Eden*, décrit par certaines anciennes Ecritures ? Ce lieu est précisément structuré hors de toute notion de bien et de mal. Les premiers êtres qui y vécurent, tout comme les animaux dits *sauvages,* ignoraient la prédation. Ils accomplissaient la Loi d'absolue compassion inscrite en eux et régissant alors entièrement leur univers. Toutes les créatures vivaient solidairement entre elles, ne se détruisaient pas et bénéficient de leurs bienfaits mutuels. Les espèces animales et végétales étaient peu nombreuses et faiblement diversifiées ; elles se nourrissaient exclusivement des fruits portés par certains végétaux, spécialement conçus pour répondre à l'ensemble de leurs besoins vitaux. Chaque espèce était attirée par son propre régime dont elle disposait à sa guise. C'est la Loi naturelle qui répondait à tous les besoins bien que liberté soit accordé à chacun de s'adonner aux plaisirs et aux jeux de leur fantaisie.

La conscience humaine ne portait alors en elle aucune notion de bien comme de mal, la Nature prodiguant tous ses bienfaits aux êtres doués de réflexion comme aux êtres dotés d'un simple niveau de pensée spontanée.

Dahïa se tait et me contemple longuement. Sans doute observe-t-elle la façon dont ses mots trouvent place en mon esprit.

Puis, refermant sa propre parenthèse, elle poursuit :

— L'univers des prédateurs a ceci de commun avec le *Jardin Idéal*, que toute morale y a été abolie donc, avec elle, toute notion de bien et de mal. Mais au lieu de culminer dans l'harmonie de la compassion, ce monde a sombré dans le chaos : la loi de prédation s'y est imposée après avoir envahi – et gangrené - la conscience des êtres qui l'ont fait triompher par leur persistance dans la cruauté et la jouissance qu'ils en obtiennent.

Oui, cela constitue un total renversement de valeur. C'est l'antithèse parfaite du Jardin divin. La négativité instaurée dans une des poches obscures de l'univers.

Dahïa marque encore un temps.

— À leur mort, certaines des entités qui se sont enfoncées dans cette négativité sont happées par leurs semblables, des démons, et entraînées dans les abîmes où se terrent certaines de ces âmes vouées à leur damnation. Elles sont donc appelées à devenir à leur tour des âmes malfaisantes, qui tenteront de nuire à tous ceux qui auront l'imprudence de se mettre à leur portée. Elles fourniront opportunément une docile infanterie aux stratégies de prédation initiées par les *Officiers* du Mal.

Dahïa marque à nouveau un temps. Elle poursuit :

— Mais certaines autres âmes réussissent à échapper aux démons. Leur route est alors différente : elles errent parmi les vivants sous des formes larvées en s'efforçant de se glisser dans des corps. Si possible des corps humains, mais, à défaut, elles s'introduisent dans un corps d'animal et parfois y parviennent. Ces entités vagabondent d'aventure en méfait, cherchant à parasiter leurs hôtes en tirant profit d'eux et en leur faisant accomplir toutes sortes d'atrocités, les conduisant à de multiples dépravations, aux actes les plus indignes : perversion, débauche et crimes. Malgré le caractère odieux de leurs actes, ces âmes conservent toujours une chance de rachat. Si elles prennent conscience que l'ignominie et la cruauté de leur comportement ne mènent à rien, elles peuvent, à tout moment, réformer leurs comportements, se présenter en pénitentes devant leurs victimes et les Fils de leur Créateur, puis entrer en rédemption. Elles le peuvent. Peu d'entre elles tentent et réussissent une telle expiation, mais cela reste possible, car la miséricorde de notre Père est — presque — sans limite. Quelques unes de ces âmes, rares, y parviennent. Au contraire, si elles persistent dans la voie du vice, des dérèglements, turpitudes et corruption, alors, tôt ou tard, elles connaîtront le sort fatal réservé aux créatures qui ont trahi les intentions de leur Dieu : l'anéantissement, la réduction à l'état d'énergie primaire, le retour à l'état de non-individuation...

Avec gravité, Dahïa guette ma réaction. Elle ajoute :

— Que t'inspire ce message ?

Mes pensées ont devancé mon hésitation ; balbutiant :

— Je ne peux qu'approuver que Notre Père ne laisse pas Ses créatures détruire Sa création.

— Oui, tel est bien le sens du grand œuvre universel : exister pour durer, évoluer, se transformer, connaître de multiples états, mais toujours passer du bien au mieux, du mieux au supérieur, du supérieur au sublime. Et lorsque la Vie nous bouscule et nous ramène à l'un de ses étages inférieurs, ne pas baisser la tête : choisir la voie vers le haut, en visant le vrai, le bien, le beau. Toujours.

Mon âme sourit : la fille de Platon – sa disciple – est assise là, devant moi, en train de me rappeler les sources.

— C'est parmi nous que Platon a découvert l'universalité de ces valeurs magistrales. Il s'est fait un devoir de les transmettre aux hommes. Et Aristote n'a pas manqué d'enseigner la suite, dans ses leçons les plus confidentielles, celles qu'il réservait à ses proches initiés — que les hommes d'aujourd'hui n'ont hélas pas su conserver.

Bizarrement, je me sens à présent flotter dans l'énergie qui me portait lorsque j'étudiais les anciens Grecs, les sages orientaux, les prudents et avisés maîtres de la pensée. Le rêve que je poursuivais alors se réalise ici : la sagesse s'est personnifiée et elle s'adresse à moi. Qu'ai-je fait pour mériter une telle grâce, un tel honneur ? Qui suis-je pour accéder au nectar s'épanchant des lèvres d'Athéna ? Dahïa voudra-t-elle répondre à mes autres questions ?

— C'est pour cela que je suis venu près de toi.

Mon étonnement amuse ma professeure.

— Tu es, ici, notre « prisonnier » pour un certain temps, n'est-ce pas ? Profites-en pour entendre les réponses aux questions qui te tenaillent, depuis bien avant ton enfance pour certaines. Tu approches peut-être, en ce moment, d'une phase critique de ta vie, d'un « basculement »...

Je saisis brusquement la chance qui m'est offerte de donner forme, enfin, à quelques-uns des contours de l'invisible. Je m'inquiète : Micael, mon frère, ne va-t-il pas se demander ce que je suis devenu ? Je l'ai laissé...

— C'est lui qui t'a laissé, commente sentencieusement la déesse. Il est extrêmement occupé par ses travaux. L'équipe à laquelle il s'est adjoint prépare d'importantes missions dans l'univers dense. Missions qui seront décisives pour son avenir et pour toute vie sur la *planète bleue*. C'est la science, l'intelligence, la connaissance – ajoutées à la bienveillance et à l'abnégation – qui sauveront le monde, s'il parvient à être sauvé. Aujourd'hui, la foi – bien que nécessaire – ne suffit plus au progrès de l'humanité. Le savoir doit ouvrir de nouvelles portes, vers de nouvelles conquêtes. Au nombre desquelles se trouve la découverte de la vraie nature de la Vie. Tu as raison : il est temps de commencer à tracer les contours de l'invisible.

L'incertitude vibrant dans la voix de Dahïa ne me rassure pas sur le destin de mes compatriotes et de mes proches... Mais je ne l'ignorais pas tout à fait.

— Sais-tu que Micael est sur le point de repartir sur Terre, vers une nouvelle incarnation ?

Cela, je l'apprends. Sans surprise. Il m'a fait de nombreuses fois confidence de son désir de retrouver un habit de chair. Me reviennent subitement les craintes qu'il avait alors exprimées de sombrer à nouveau dans un des pièges que l'existence nous réserve parfois. Dahïa interrompt le fil de mes pensées :

— Micael a considérablement renforcé ses défenses contre les tentations. Ses dernières expériences lui ont été favorables. Tu le sais : c'est sous le feu de la forge que le fer prend forme avant que le choc de l'eau froide lui donne forme et robustesse. Micael est ainsi entré dans la brigade des nouveaux constructeurs. Ils ont beaucoup à apporter aux hommes. Tu ne l'ignores plus puisqu'il te l'a dit : son expérience humaine est riche. Il a appris de ses erreurs, en a acquitté les conséquences et surtout a su les corriger. Sa personnalité est belle. Il a appris de grandes leçons. C'est un être bon, généreux et fort. De plus, il a réussi à cultiver son intelligence, au cours de nombreux cycles parfois jalonnés d'épreuves terribles. Comme tu l'as découvert, l'intelligence ne se perd pas. Elle se diversifie, se complexifie, s'affine, à condition d'en faire un usage positif.

J'éprouve pour mon *petit frère* un mélange de tendresse, de fierté et de tristesse. J'ai compris que je vais le perdre. Il ne me sera plus accessible. Je ne pourrai plus venir lui parler, ici, entre deux songes, durant mes nuits de quête aventureuse. Lui faire part de mes difficultés, de mes soucis, et entendre ses chaudes paroles de réconfort. Je me sens désappointé.

— Micael a sa vie, et toi tu as la tienne, reprend posément ma divine amie. Vous êtes frères et le resterez. Fais confiance à la Vie comme elle croit en ce merveilleux complice qu'elle t'a donné... Comme elle attend de toi sérénité et assurance. Il sera chargé d'une mission délicate, dont les fruits – s'il les obtient – aideront tous les hommes à s'élever.

Une puissante émotion m'envahit. Dahïa y répond en dirigeant vers moi les vibrations douces de son cœur qui sécrète à mon intention des flammes bleues parsemées de paillettes dorées. J'éprouve immédiatement de sa tendre bienveillance un apaisement bienfaisant.

— Revenons à tes questions. Veux-tu les formuler ou dois-je les extraire de ta pensée ?

Je remercie humblement ma bienfaitrice, puis réponds à sa demande :

— Pourquoi et comment Klaus a-t-il échappé aux démons ?

— Comme tu as pu l'observer, sa femme Regina et son fils Georg l'attendaient. Ensemble, ils ont guetté le moment de sa mort, facilement prévisible en raison de la maladie qui le rongeait lentement. Aussitôt désincarné, ils l'ont entraîné – presque de force – avec eux jusqu'ici. Tellement heureux de retrouver les seuls êtres qu'il chérissait, Klaus n'a pas résisté. Il est venu à leur suite, en confiance. Là, il a été confronté au choix fatal. On lui a montré les alternatives qui s'offraient à lui : redescendre dans les entrailles du fer et du feu pour y guerroyer à nouveau comme il aime tant le faire et s'y perdre définitivement, ou choisir de reconquérir une âme de paix et de bienveillance auprès des êtres qui lui sont chers en réapprenant à aimer. Tu devines quel fut son choix ?

— Oui.

— C'est le lien entre lui et ces deux êtres qui a permis de le tirer, tel un poisson pris au filet de ses sentiments, sur la rive montante du fleuve.

— Jusqu'ici, je comprends. Mais comment l'a-t-on amené à accepter de subir les terribles épreuves d'incarnations avortées comme celle que j'ai pu observer tout à l'heure ?

— Voici le challenge qu'il a à relever : afin de pouvoir se réincarner et connaître une nouvelle vie d'humain – ce à quoi elle aspire –, l'âme qui fut un assassin d'enfants doit être acceptée par une mère pour entrer en elle, devenir son enfant, s'en faire désirer, et surtout en être aimée. Voilà ce que Klaus doit obtenir désormais pour pouvoir revivre dans un corps de chair et entreprendre une nouvelle aventure humaine, sur des paramètres neufs.

— Est-ce si difficile que cela ? Tant de femmes sont si désireuses d'enfanter ; sont-elles si regardantes sur la nature de l'entité qui vient en elle ?

— Oui. Une femme ressent les vibrations de l'être qui va occuper son ventre puis entrer dans sa vie. Bien avant qu'il se présente au seuil de son utérus, elle en éprouve déjà les sensations dans son esprit, avant de le ressentir dans ses entrailles, les profondeurs intimes de son corps. Cela se passe notamment au cours de son sommeil. Inconsciemment, toutes les mères font le choix de l'enfant qu'elles vont porter. Dans les faits, chaque cas d'enfantement présente des conditions spécifiques. Selon les attentes de la maman et du futur bébé, un dialogue s'instaure entre les énergies les plus subtiles de chaque entité, et un commun accord scelle l'engagement pris par chacun de s'aimer et de s'entraider au cours de la vie qui s'annonce. Parce que toute vie est un défi à relever. Lorsqu'un monstre comme Klaus se présente comme candidat à une maternité, il est repoussé par toutes les mères qui veulent un enfant bon, tourné vers des valeurs nobles, le bien, la vertu et le progrès de leur âme. Saisis-tu cela ?

— Je comprends.

— Les femmes ne sont pas nécessairement dépourvues de pitié envers une pauvre âme errante. Mais elles ne sont généralement pas en état de raisonner face à un choix qui relève de leur affectivité la plus intime. Elles veulent avant tout pouvoir aimer sans limite le fruit, l'enfant né de leur propre chair. Inconsciemment, elles savent qu'aimer un monstre leur sera très difficile, voire impossible. Et rien n'est plus douloureux, pour une mère, que d'en arriver à haïr puis à rejeter son propre sang. Celles qui risquent cela sont des saintes, des entités dotées d'une force supérieure. Elles partent alors en mission, le savent et s'y sont préparées. As-tu entendu parler de Sainte Rita ?

— J'ignorais que la mise en route d'une maternité était aussi complexe.

— L'invisible est rempli de ces subtilités qui fondent la richesse et la réussite de vos vies. Tu en découvriras bien d'autres.

— Si je comprends bien, ce Klaus est mis au défi de rencontrer une bonne âme de mère qui l'accepte comme enfant malgré son passé… litigieux ?

— *Litigieux,* c'est bien le moindre mot ! s'amuse ma diligente confidente. Oui. En effet. Klaus est en quelques sortes dans la situation d'un éléphant qui doit parvenir à se glisser dans le chas d'une aiguille ! L'image n'est pas abusive. En pratique, il doit réussir à trouver une mère qui l'accepte et qui finisse par l'aimer puis par l'éduquer. C'est-à-dire qui soit prête à lui pardonner ses crimes odieux, à l'installer sur de nouveaux rails et à lui offrir une nouvelle chance. Qui l'aide à accomplir un virage complet sur son destin, un retournement qui lui permettra de se transformer et de restructurer à la fois ses nouvelles vies et sa personnalité.

— Et il n'en a encore pas trouvé...

— Les vibrations basses et dissonantes qu'il émet et transmet à son entourage le portent vers des êtres aux vibrations semblables. Il est donc accueilli par des femmes désespérées, qui ont subi des violences et des traumas sévères, et qui n'acceptent pas de porter en elles un enfant non désiré – à plus forte raison une âme malsaine – trop souffrantes, trop perturbées, trop centrées sur leur malheur pour pouvoir l'aimer. Elles le repoussent avant même de l'avoir vu respirer.

À ces mots, je saisis enfin le sens du « karma » de cette entité. Sa laideur intérieure le conduit vers des entités aussi affectées que lui. Il subit donc de façon mécanique le contrecoup des dégradations qu'il a générées. Ingénument, je demande :

— C'est la logique à laquelle tous les hommes sont soumis ?

— Une des logiques : celle de l'analogie, du mimétisme. Les hommes sont des êtres libres et complexes. Ils ne sont pas soumis à une unique série de règles. Mais dans la situation de perdition des âmes dépravées, la nécessité qui prévaut est celle-là. Klaus a semé les graines de ce qu'il est condamné à vivre actuellement. Il ne peut y échapper.

— S'il abandonne ?

— Il retombera dans les lieux où résonnent les vibrations de son âme : le monde des damnés.

Je tente vaguement de me représenter cet univers, sans insister. Dahïa ne s'y arrête pas. Elle enchaîne :

— Albert Bulka avait quatre ans. Sami avait cinq ans, le même âge qu'Émile, Claudine, Lucienne et Jean-Claude. Liane avait six ans, Marcel sept ans comme Richard. Mina, Georges et Max L. Gilles, Jacob, Renate et Sigmund avaient huit ans. Charles, Senta, Egon avaient neuf ans. Hans, Jean-Paul, Élie, Isidore, Claude L-R., Alice-Jacqueline, Martha, Herman avaient dix ans. Sarah et Liliane, inséparables, avaient onze ans. Nina, Max-Marcel, Esther, Jacques, Barouk-Raoul, Joseph G., Max T. et Otto avaient douze ans. Henri-Chaïm, Maurice et Majer avaient treize ans. Fritz Loebmann avait quinze ans. Theodor, seize ans. Arnold, l'aîné de ces suppliciés, avait dix-sept ans...

Le regard clair de Dahïa semble lire en elle-même un défilé d'images que nous ne voyons pas. Elle poursuit :

— En entrant dans la chambre à gaz, Jacques serrait puissamment la main de son jeune frère Richard. Il pressentait la fin. Lorsqu'il entendit les loquets des portes s'abattre en claquant sur les clenches, Majer, âgé de treize ans, prit contre lui, dans ses bras, le petit Albert, âgé de quatre ans. Il l'embrassa tendrement, pressa sa tête contre son épaule en lui disant de ne pas avoir peur. Il le hissa puis le maintint au-dessus de sa tête pendant que la masse humaine commençait à hurler et à basculer dans la folie. Il ne le lâcha pas jusqu'à ce que son frêle corps, envahi par le gaz mortel dès la première minute, se raidisse et se taise définitivement. Il n'a pas cessé de lui crier que tout allait bien, qu'il ne le lâcherait pas, qu'il l'aimait. Lucie Feiger et Éva Reifman tentèrent d'entourer de leurs bras les enfants qui se pressaient contre elles, affolés, en larmes, désemparés par l'incroyable fin qu'on leur faisait vivre. En compagnie d'Arnold, l'aîné des élèves, Moïse avait rassemblé autour d'eux les plus grands garçons, Hermann et son frère Charles, Fritz, Théodor avec le petit Gilles, Max et quelques autres, perdus entre les crocs de *Léviathan* en train de les broyer dans sa monstrueuse mâchoire.

Auschwitz-Birkenau

Dahïa se tait. Elle s'unit à la conscience de ces êtres, ensemble mêlés et meurtris dans la plus ignoble torture. Elle apporte à leur esprit l'énergie apaisante et réconfortante du Père. Elle reste ainsi silencieuse un très long moment, puis elle accomplit, sous mon regard médusé, un acte prodigieux : sur un espace céleste aussi démesuré que la folie qu'elle dépeint, surgit en grandeur réelle la scène qu'elle vient de décrire. On y voit, aussi nettement que s'il s'agissait d'images d'archives cinématographiques, les portes se refermer sur la chambre à gaz du camp d'extermination d'Auschwitz-Birkenau, à l'orée de la forêt où les Titans nazis tentaient de la dissimuler aux regards du monde. Les images terribles déploient leur abjection dans toute son obscénité.

Un individu est là, planté entre Dahïa et l'écran gigantesque, entouré de quelques silhouettes parmi lesquelles je devine celles de Regina et de Georg. C'est Klaus, debout, le visage levé vers le spectacle dont il est le principal initiateur, un des responsables. Les personnages qui l'entourent l'ont amené là, porté, cloué à l'emplacement qu'il occupe. Ils lui tiennent la tête braquée vers l'écran, l'empêchant de détourner son regard. Klaus est figé, raide, immobile, paralysé, contraint. Il n'a pas le choix. Ce spectacle est son fruit, projeté pour lui, révélation de la fatale vérité qui l'accable.

Le tableau est fascinant. Je me demande si je ne rêve pas, sans oser troubler l'extrême concentration des Maîtres et des entités sollicités par la cure d'anamnèse en train de se mettre en scène. Je sens que se joue, en ce moment, une page décisive de l'histoire de la monstruosité des hommes et de leur rédemption. Une des phases critiques de son dénouement. L'âme de Klaus est face à sa vérité ultime, impuissante à s'en détourner. Pendant que j'observe l'immobilité stricte de l'assistance, le spectacle céleste s'agrandit et se déploie. Un puzzle de toutes les atrocités commises par l'entremise de Klaus s'étale autour de la scène centrale du crématoire d'Auschwitz où chavirent par centaines, des milliers de vies piétinées, déchiquetées et éparpillées. Le fond du ciel s'est couvert d'ondes grises, mauves et violettes, hachées d'éclairs jaunes et rouges. Elles roulent au rythme des cris d'effroi et des larmes de désespoir des enfants d'Izieu confondus avec les milliers d'autres proies s'écroulant sous le poison ignoblement lâché sur leur tête.

L'énergie qui se dégage de ces scènes précipite des lames de feu sur la silhouette dressée de Klaus qu'elles giflent, cinglent et transpercent à toute volée. Les moindres détails des tortures et des souffrances éprouvées par les victimes sont traduits en émanations tranchantes comme les mâchoires des loups et des hyènes casquées de vert-de-gris. Elles pourfendent et laminent la silhouette dressée du sanguinaire. Des coups de feu hachent le martèlement des bottes en projetant des salves de projectiles lumineux qui explosent à la face du tortionnaire chancelant. Les claquements et les grondements enflent et convergent sur l'ange noir de l'holocauste, criblant et vrillant ses sens ainsi que chaque parcelle de son être.

L'âme du chacal est fouettée, frappée, cognée, heurtée, battue, transpercée, moulue, foulée, broyée, déchiquetée par ses propres armes. Elle disparaît entièrement sous les éclats des assauts de tortures qu'il a imposées à ses martyrs et qui lui sont retournées. La tempête dure un temps indéfinissable, le temps nécessaire à chaque coup porté d'être rendu, à chaque regard d'être ouvert puis clos, à chaque poing de se fermer puis de se relâcher et de s'immobiliser dans le dénuement de sa mort. L'une après l'autre, chaque vie broyée apparaît devant son destructeur et demande compte du destin qui lui a été infligé. Certaines le giflent violemment, d'autres lui tendent un poing rageur ou le frappent de la main et du pied ; quelques-uns se contentent de le regarder avec crainte ; plusieurs l'ignorent. Le petit Albert le dévisage, les yeux remplis de larmes et prononce ces mots : « Qu'as-tu fait ? » La plupart des âmes des victimes se contentent de lui cracher au visage. Les femmes surtout. Les autres enfants d'Izieu n'osent pas s'approcher du monstre. Puis la longue colonne des suppliciés cède peu à peu la place, s'effaçant sous les chocs assénés, les éclats semblables à des ballons d'acier, laissant dans l'espace un voile coloré se disperser lentement, retrouvant progressivement le calme et la paix du commencement.

La silhouette de Klaus a cessé d'être battue. Elle est devenue quasiment translucide, comme un halo de vie sans substance. Les guides qui le maintenaient face à son œuvre se sont évanouis. Régina et Georg ne sont plus là. Dahïa se tait. Elle laisse se dissiper les nuées furieuses de l'holocauste. Quand le firmament est revenu à sa limpidité première, elle se lève et s'approche de l'ombre dépouillée de Klaus qu'elle entraîne à l'écart.

Ils marchent longuement sur un chemin étroit, à flanc de colline, et parviennent à un hameau reconstituant la réplique exacte de la maison d'Izieu : deux édifices modestes au bord d'une petite route courant entre les prairies aux parfums de foin et d'agnelage.

— Cet endroit vous rappelle quelque chose ? Voudriez-vous revoir quelques-uns des enfants que vous avez fait conduire au supplice ?

Klaus ne répond pas. Sonné, il est incapable de réagir.

— Ne pensez-vous pas qu'il serait temps de vous adresser à eux ? Peut-être même de leur demander pardon ? Qu'en pensez-vous ?

Klaus lève les yeux vers la colonie où, comme par le passé, des enfants juifs jouent en toute insouciance au milieu de leurs éducateurs. Le temps s'y est arrêté.

— À quoi bon ? Ils ne me reconnaîtront même pas. Et ils m'en veulent certainement pour ce que j'ai fait.

— N'avez-vous pas quelque chose à leur dire ? Des remords ?

— Je n'en aurais pas la force. Je veux oublier tout ça. Laissez-moi...

Dahïa se place face à ce qui reste de Klaus B., une enveloppe transparente, vidée de son arrogance, dépourvue d'énergie. Elle pose une de ses mains au milieu de sa poitrine et l'autre au-dessus de sa tête en disant :

— Désormais, tu as quatre ans, l'âge qu'avait Albert Bulka lorsqu'il a été arraché à ces lieux par tes sbires. Tu vas désormais vivre ici, parmi ceux que tu as si durement traités. Je te propose d'y demeurer le temps nécessaire à ton retour parmi les humains. Es-tu prêt à vivre cela ?

— Sincèrement, me laissez-vous le choix ?

— Non. Si tu refuses, tu quitteras cet endroit pour toujours. Tu retourneras auprès des êtres qui te ressemblent, ceux qui ont choisi, comme toi, la haine, la défiance, l'humiliation, la persécution, la torture, tout ce qui détruit et ruine. Et les souffrances qui accompagnent toute prédation. Tu n'occuperas plus jamais la place qui t'avait été accordée parmi les hommes sensibles, aptes au partage et à l'amour. Tu demeureras définitivement dans le poison qui a envahi ton âme et nul n'ira plus te chercher ni t'aider à retrouver qui que ce soit qui puisse t'aimer. Tu perdras définitivement Régina et Georg, ainsi que ta fille Ute, sa descendance, tes neveux et leurs enfants, tous ceux avec qui tu as créé les derniers liens qui te relient encore aux êtres dignes et charitables. Tu sortiras de l'humanité pour toujours et ses portes te seront à jamais fermées. Choisis.

Au fond du regard de Klaus, l'arrogance de l'acier s'est changée en brume hésitante. Sa silhouette étriquée s'est rétrécie au gabarit d'un jeune enfant. Désormais vêtu comme un petit réfugié juif des années quarante, il regarde longuement vers les murailles un peu délabrées surplombant le cours du Rhône encore à son adolescence, serpentant au creux de la riante campagne de l'Ain. Puis il se met en marche vers les cris et les rires des enfants d'Izieu jouant innocemment dans la cour de leur orphelinat.

*

Le bambin s'éloigne sous le regard de Dahïa – qui lève les yeux vers le ciel et murmure une prière à l'Esprit tout puissant, au

Père Créateur de l'Univers. Le gosse grimpe les marches, prend pied sur la cour, hésite, se retourne – Dahïa n'est plus là –, puis s'immobilise. Les éducateurs l'ont aperçu. Ils viennent à sa rencontre. Une étrange odeur d'école le saisit à la gorge. Il ne sait s'il doit avancer. Les enfants l'entourent. Son ventre se noue.

*

Près de la fontaine, Dahïa a rejoint Félicien. Je me tiens timidement en retrait. Ne comprenant pas ce que le nouveau Klaus, ramené à son premier âge, va bien pouvoir faire dans cette colonie, je souhaiterais interroger la prêtresse sur ses intentions et sa stratégie. Dahïa n'a pas l'intention de prolonger son tête-à-tête avec nous, mais lorsqu'elle vient me saluer, je ne peux réprimer le besoin d'en savoir un peu plus sur l'étrange scénario qu'elle nous a dévoilé. Bien que désirant nous quitter, mon instructrice se montre sensible à mon attente.

— Oui. Nous offrons une nouvelle chance de rachat à cette entité. Il s'agit d'une expérience originale. L'espace où il vient de faire ses premiers pas est une reconstitution de la véritable colonie où il a accompli ses méfaits en chair. Nous l'avons ramené à l'âge qu'avait sa plus jeune victime. C'est aussi l'âge où commence à se structurer la personnalité sociale des êtres. Sa mémoire est rajeunie, rénovée. Je parle de sa mémoire immédiate : *vive*, en quelques sortes... Son expérience passée est toujours là, logée dans son inconscient profond. Elle structure toujours son approche du monde. Mais il va avoir ici l'occasion de construire, dans les conditions du réel, un recommencement de vie, telle une nouvelle phase, ce que l'on peut rarement accomplir dans un corps de chair. Si cette étape réussit, sa rédemption pourra débuter. À condition, naturellement, qu'il persiste dans cette nouvelle voie qui lui est offerte.

— Cela s'est déjà fait ?

— La nécessité de rédemption a donné lieu à une grande diversité d'expériences, selon les périodes et les situations. Nous sommes là par miséricorde et avons pour mission de tout tenter afin de rendre possible la progression des âmes et permettre l'accès des êtres créés au *Royaume*.

— Les enfants de la colonie ont été anéantis dans les fours crématoires d'Auschwitz. Comment peuvent-ils être de retour ici, tels qu'ils étaient avant leur déportation ?

— Félicien te fournira les explications que tu attends. Je ne peux m'attarder davantage. Poursuis ta quête de savoir. Garde confiance en la Bonté de Notre Père. Elle est immense et dépasse tout ce que les hommes peuvent imaginer. Ce qui n'abolit ni n'excuse les fautes qu'ils commettent... Mais il existe des voies de salut pour tous les êtres créés. Suis la tienne : tu as d'ailleurs déjà eu la force de le faire dans certaines dures circonstances que tu as connues.

Tout en m'adressant ces paroles bienfaisantes, Dahïa a changé d'aspect. Son fin visage félin et son sourire maternel se sont durcis. Des traits lisses, dépourvus de signes d'émotion, surmontent à présent sa silhouette allongée aux contours fluides. Avant de disparaître, le *Maître* se penche une dernière fois vers moi en réponse à mes interrogations les plus intimes, qu'il me fut impossible de formuler.

— Aie confiance. Tout sera accompli pour que ton corps soit réparé. Si tu le choisis, il ne sera pas mis fin à tes jours terrestres tout de suite. Comme tu en as prié le Père, tu pourras disposer du temps nécessaire à l'achèvement de ta propre reconstruction. Le

Père a entendu tes demandes et Il y consent, tant que tu poursuis ta tâche de restructuration. Ne t'en écarte pas. Oui, je suis un des Fils chargés de réaliser la volonté de l'Esprit tout puissant. Je suis un de ses bras armés contre la défaite, pour le triomphe du Bien sur la déchéance. Tout doit être effectué pour que Ses créations ne sombrent pas dans la corruption et que les arbres produisent le meilleur et le plus sain des fruits qu'ils ont à porter. Vous, les enfants de la Création, devez y contribuer pour votre part. Acquittez-vous de cela. Il vous en sera rendu le centuple.

Sur ces mots, Dahïa disparaît, comme aspirée par la colonne d'énergie bleue dansant au-dessus de la fontaine soudainement prise de remous frémissants. Une musique que je n'avais pas encore perçue suit son départ avec une scansion symphonique chaude et vigoureuse.

Félicien regarde sa forme se dissiper au-dessus de l'horizon, puis se tourne vers moi.

— J'allais répondre à tes interrogations, ne sois pas impatient.

— Merci, très cher guide. Je crains que le temps me soit compté...

— Ne sois pas inquiet... Les âmes des enfants d'Izieu ont été très endommagées par l'expérience de la déportation suivie de leur assassinat dans les horribles conditions que tu as pu voir ici. Certaines de ces entités ont alors acquitté une dette *karmique* qui était programmée dès leur naissance. D'autres les accompagnaient avec pour mission de leur faciliter le passage. Ce fut le cas des adultes et de quelques-uns des aînés, notamment de Majer. Mais, pour tous, l'injuste épreuve du sang et du feu fut terrible. Elle les laissa dans un état de bouleversement et de dépression que nous avons dû longuement soigner sous les coupoles de jade et d'émeraude des hôpitaux, que tu as déjà eu l'occasion de visiter. Tu t'en souviens, n'est-ce pas ?

Je m'en souviens, en effet. J'ai pu y observer des âmes gravement endommagées par les toxiques ainsi que, pour certaines, par d'atroces assassinats. J'ai alors découvert que les âmes pouvaient être encore plus grièvement détériorées que les corps. Félicien poursuit :

— Lorsque nous avons découvert que Klaus souhaitait se réconcilier avec le genre humain, et que nous avons, parallèlement, perçu l'incroyable traumatisme qui avait frappé ses jeunes victimes, nous avons jugé bon de construire ce scénario : remettre en situation les êtres mutilés les uns par les autres et tenter de leur faire générer, eux-mêmes, une auto-réparation des dommages qu'ils ont générés et subis. Nous les avons ainsi tous ramenés à leur état mental du temps de leur mésaventure et les avons mis en présence. Nous ne savons pas ce qu'il en adviendra. Notre but n'est pas de redessiner le passé, mais plutôt de créer un nouvel avenir à ces entités en leur faisant vivre une nouvelle version de leur confrontation. Il s'agit d'une expérience comme bien d'autres ont déjà été tentées. De nombreux Frères – ainsi que Dahïa – sont présents de manière invisible parmi eux. Ils vont observer les relations qui se noueront entre Klaus et ses anciennes victimes d'Izieu, jeunes et adultes. Ils consigneront de manière scientifique, avec rigueur, les paramètres et les résultats observés, ce qui produira un ou plusieurs modèles comportementaux et psycho-dynamiques qui pourront être reproduits s'ils se révèlent pertinents et efficaces.

La longue description de Félicien me laisse admiratif. L'inventivité des Maîtres spirituels à l'œuvre ici est prodigieuse. Jamais je n'aurais imaginé un protocole expérimental aussi audacieux pour façonner itinéraire et cure karmiques. Félicien ne peut endiguer un rire amusé en contemplant mon expression. Aussitôt il ajoute :

— Tu sais, les holocaustes liés aux terribles conflits du siècle passé ont laissé des traces profondes, très néfastes, dans les consciences comme dans les inconscients des victimes autant que des acteurs de ces tueries. Beaucoup d'hommes ont été conduits malgré eux à assassiner des innocents par centaines. Certains ne le voulaient pas. Mais la peur les poussait à l'obéissance et la soumission au meurtre de masse. Ces hommes sont souvent tombés sous les balles de leurs adversaires, qui, la plupart du temps, n'étaient pas leurs ennemis. Une forte culpabilité s'est alors emparée d'eux. Elle demeure souvent à la lisière de leur mental, refoulée sans grand succès, prête à ressurgir et à s'emparer de leur esprit pour le faire dévier. Ils sont victimes de ce que les psychologues nomment *névrose traumatique.* Ce qui peut déboucher sur des comportements déviants, sadiques et pervers, ou sur des prostrations dépressives qui deviennent soit agressives et violentes, soit suicidaires. Sur Terre, beaucoup d'humains portent en eux les stigmates de ces hécatombes massives. Qu'ils en fussent les persécuteurs ou les suppliciés, bien peu de leurs acteurs sont parvenus à sortir indemnes du conflit, à en dépasser les surdoses émotionnelles. Parfois la peur rend fou. L'avilissement et l'ignominie affectent les fondements structurels de la personnalité ; ils *déracinent* le Moi, en quelque sorte. L'épreuve du feu aurait dû propulser ces victimes sur la voie d'une totale remise en question, puis d'une rénovation profonde de leurs motivations. Au lieu de cela, on observe qu'ils ont souvent sombré dans le ressentiment, la rancune, la haine et la malveillance, assortis de désirs de revanche ou de vengeance irrépressibles. La souffrance ne les a pas portés au dépassement. Au contraire, elle les a conduits à régresser. Le fardeau collectif des humains et leur dette se sont alourdis. Ainsi, il reste beaucoup à accomplir...

Ce funeste état des lieux me laisse décontenancé. Je n'en suis cependant pas totalement surpris. J'ai, hélas, pu constater à quel point les générations d'après-guerre avaient mal tourné, montrant de l'aigreur, du défaitisme, du mauvais esprit, des attentes déplacées, souvent outrancières, alors que leur mode de vie était en amélioration par rapport à celui des générations précédentes. Je m'en suis souvent étonné, parfois à haute voix. Félicien vient de m'en apporter confirmation. Sans me permettre le moindre commentaire, je me demande pourquoi, après les horreurs massives subies au cours du XXe siècle, l'humanité n'a pas accompli un virage dans un sursaut d'honneur et de courage pour changer de voie.

Après avoir brisé les vieux empires vermoulus et sclérosés de l'Ancien Monde, inaptes à progresser et à faire évoluer leurs peuples pourtant devenus prospères, après avoir connu la bestialité nazie, le déchaînement barbare des généraux et des soldats japonais – l'ensemble ayant produit près de cent millions de morts à la surface de la planète –, pourquoi les hommes ont-ils plongé dans la tyrannie féroce et sadique d'un prétendu communisme aussi pernicieux que ce qu'il dénonçait, puis, à peine sorti de cette nouvelle forme de l'enfer, se laissent-ils tenter par un terrorisme aveugle et aussi féroce que prétendument religieux ? Pourquoi tant de persévérance dans la perversion ?

Refusant de céder au pessimisme, je m'abstiens de formuler ces questions que je garde en moi, le plus discrètement possible, évitant d'éveiller l'attention de mon guide qui marche à présent devant moi, vers une surprise qu'il m'a annoncée en catimini. Je sais qu'il a parfaitement perçu mes questions, bien sûr... Il a sans doute fait le choix de ne pas y répondre dans l'immédiat.

J'ignore où Félicien me conduit mais j'aurais voulu évoquer avec lui le sort du fils maudit de Micael. En aurai-je le temps ?

III – Émile

Notre bucolique déambulation nous conduit bien au-delà de la magique fontaine de Sabaoth, auprès de laquelle je serais volontiers resté quelques instants encore, dans l'espoir secret du retour de mon cher Micael.

Nous traversons une série d'espaces que je ne peux décrire faute de disposer du vocabulaire approprié. Une de ces cités est entièrement occupée par des êtres laids et monstrueux ressemblant à des crocodiles. Leur corps est couvert d'écailles. Ils marchent cependant sur deux jambes, sont revêtus de combinaisons, travaillent et se déplacent dans une atmosphère pesante, un monde d'aliénation. Curieusement, ces êtres montrent dans leurs gestes et dans leurs propos un grand raffinement, de la distinction et une culture apparemment très supérieure à ce que j'ai perçu jusque-là.

Félicien me devance et hâte le pas, évitant soigneusement de me fournir les éclaircissements que j'espère.

Nous prenons pied, enfin, dans un lieu qui ressemble à ce que j'ai toujours connu : notre bonne et vieille Terre avec des forêts, des champs, de coquettes maisons nichées dans des villages piqués sur de douces collines au ventre arrondi. Une vaste place où on déambule, on parle, on rit et on se rencontre. Et là, mêlés à une petite bande de joyeux bavards, Jean, mon ami, mon protecteur, le gardien de mon adolescence, le complice de mes jeunes années, mon grand frère. Non loin de lui, Émile, mon père, tout sourire, des livres entre les mains, en grande discussion avec Lucien et son frère jumeau, Marcellin. Tous ayant quitté la vie terrestre depuis plusieurs années. Mon cœur bondit de bonheur.

Nous nous congratulons affectueusement et échangeons notre joie de nous retrouver en un endroit si inattendu.

Mon père

Félicien s'est discrètement éclipsé, tout comme Lucien et son jumeau. Je reste en compagnie de mon père, Émile, qui me raconte, documents à l'appui, comment il étudie l'électronique en se formant au maniement des outils informatiques dont il découvre les prodigieuses capacités. Au cours de sa vie sur Terre, il se passionnait pour tout ce qui fonctionnait à l'électricité : appareils de TSF, magnétophones, électrophones, téléviseurs, qu'il démontait, réparait et remontait en s'initiant intuitivement à leur fonctionnement.

C'est Micael qui lui a fait découvrir le monde de l'informatique et l'a incité à s'initier aux nouvelles technologies du numérique, à peine naissantes au sortir de sa dernière vie. Émile a du temps devant lui, d'autant qu'il a clairement manifesté son désir de ne pas revenir sur Terre de sitôt. Sa dernière vie a été rude, bien que salutaire et fortement bénéfique : il y a noué de solides affections et bâti une famille heureuse dont il est, à juste raison, particulièrement fier.

Curieux et doué d'une intelligence technique éprouvée, Émile s'est allié à un groupe d'étudiants fréquentant une sorte d'Institut où il peut disposer de tout le matériel nécessaire à ses apprentissages, notamment d'une documentation inépuisable.

Courageusement, il s'initie aux mathématiques supérieures, à la grande satisfaction de son fils Micael, qui ne manque ni de l'encourager ni de lui fournir l'aide dont il a souvent besoin.

Je découvre qu'ici, les ressources ne manquent pas à celui qui veut apprendre, s'instruire et faire évoluer ses centres d'intérêt. Je me rends compte, également, qu'Émile vit dans un campus dont son nouveau statut d'étudiant lui a ouvert l'accès. Sa situation est donc clairement reconnue et validée par ses maîtres comme par ses pairs.

Cela me remplit de joie.

Mon père a tout sacrifié, sur Terre, pour que ses enfants puissent accéder aux meilleures études, lui qui avait dû quitter les siennes avant la fin de l'école primaire, pour aller dans une ferme où il était hébergé et nourri en contrepartie de son travail de gardien de troupeaux et de garçon d'écurie. Combien de fois il nous a raconté l'effroi que lui inspirait le taureau de la ferme, qui le terrorisait en fonçant sur lui alors qu'il était chargé de garder les vaches ? L'une s'interposait ; elle le protégeait en l'abritant sous son flanc. Émile avait alors moins de dix ans.

Aujourd'hui, avec le recul, je mesure l'angoisse qui dut alors tenailler cet enfant abandonné aux épreuves d'un tel labeur, seul, coupé de sa famille, livré à des menaces et à des frayeurs insurmontables. Ses patrons n'étaient pas malveillants à son égard, mais la rusticité montagnarde du Massif central n'épargnait personne. Les enfants devaient en assumer leur part. Heureux qui pouvait disposer d'un bout de pain et d'une soupe au lard une fois par jour ! Émile dormait dans l'écurie, sur la paille, parfois contre le flanc des chevaux, à la chaleur de leur épiderme.

La rupture

Longuement, mon père me décrit sa nouvelle vie depuis son arrivée dans cet univers, après sa *séparation* – c'est-à-dire sa mort – qui nous a cueillis en pleine insouciance, les uns et les autres occupés à nos affaires personnelles et professionnelles, le nez dans le guidon et la tête ailleurs. Son cœur a lâché d'un coup sec. Il ne l'a pas vu venir. Heureux dénouement pour lui, qui redoutait terriblement le moment de sa chute dans l'inconnu.

Il lui fallut d'abord surmonter l'immense déception d'une rupture brutale avec notre mère et avec nous, ses enfants. Il s'est senti subitement comme orphelin, malgré la présence réconfortante de Maria, sa mère, qui l'a accueilli en compagnie de son guide et de quelques autres parents. Très vite, il prit l'habitude de venir nous visiter, tour à tour notre mère et ceux d'entre nous qui en avions le plus besoin. Parfois même, il le faisait savoir. Ce que, la plupart du temps, nous refusions de reconnaître... Il me le dit avec ce rire franc et enfantin que je suis ravi de lui revoir. Il me revient en effet, un certain nombre de signes que j'avais, moi-même, très clairement perçus. Et avec eux, des événements souvent cruciaux de nos vies... Nous en partageons une nouvelle fois les images et l'émotion.

Côte à côte, au fil de nos évocations, nous suivons une petite route très semblable à celle au bord de laquelle j'ai vu, quelques instants plus tôt, disparaître la frêle silhouette d'un bambin prénommé Klaus, en route vers de laborieuses réparations. Nous arpentons ainsi une colline, puis une longue ligne de crête bordée tantôt de ravins tantôt de futaies. Nous parlons de tout ce que nous n'avons jamais pu aborder au cours de notre existence physique, trop remplie de nos petits soucis pour accorder une place aux sentiments importants, trop pleine de nos vides pour laisser du temps à la vraie vie…

Pardon

Alors, je lui demande pardon. J'en ai éprouvé si souvent le besoin ; si souvent regretté de ne l'avoir pas fait de vive voix, avant qu'il disparaisse. À l'âge mûr, le courage je l'aurais eu. Mais je pensais pouvoir encore disposer de temps. Émile sait tout cela. Il l'a entendu dans mes songes, dans mes prières, dans mes murmures secrets. Il m'écoute avec la tendresse d'un père et des larmes coulent sur ses joues.

Nous descendons alors le grand pré de la *Mariterre*, le long d'un sentier que nous avons foulé tant de fois, lorsque j'étais enfant. Au temps du bonheur familial, nullement innocent, mais qui nous permit de vivre des sentiments et des liens puissants et profonds. Il me confie alors :

— Ce qui est passé n'est plus, mon fils. Depuis longtemps déjà je t'ai pardonné. On pardonne tout à ses enfants. Immense privilège d'être père et de pouvoir braver toutes convenances. Tu as été mon grand fils, dont je fus si fier. Dans tout ce que tu faisais. Comme tes sœurs et tes frères. Comme votre maman. Ma famille a été tout le bien que j'ai possédé durant ma vie. Ma récompense et mon honneur. Ce qui te tourmente encore, va, je l'ai depuis longtemps oublié.

— Je veux simplement que tu saches à quel point j'en ai honte, et comme je regrette d'avoir été aussi prétentieux au temps de mon adolescence.

— Sois en paix. Tu es pardonné. Rien n'entrave mon affection pour toi, ce que tu fus comme ce que tu es et ce que tu deviens.

Suit une brève hésitation silencieuse qu'il rompt sur ces mots inattendus :

— Puisque nous évoquons nos relations anciennes, veux-tu que je te révèle un épisode de nos vieux souvenirs communs ?

Surpris, j'acquiesce. Il s'arrête et ouvre ce que j'ai pris pour un des livres qu'il tient en main en marchant. Ce que nous appellerions, nous, une tablette numérique, dévoile quasi instantanément une séquence cinématographique filmée de dessus.

— Regarde, me dit-il avec un air malicieux.

Fontenoy

Scène de guerre. Mardi 11 mai 1745. Fontenoy-Antoing, champ d'affrontement des alliés britanniques et autrichiens face aux Français du maréchal de Noailles, sur le sol de l'actuelle Belgique. Dès les premières lueurs de l'aube, les trois bataillons français d'artillerie ont craché leur feu. Puis Maurice de Saxe a lancé ses soixante-sept bataillons d'infanterie et ses escadrons de cavalerie, en vagues déferlantes. On s'est brutalement empoignés, puis copieusement embrochés dès neuf heures jusqu'à onze heures du matin, à lignes touchantes, les cavaliers tranchant dans le vif en assauts virevoltants, recousant les brèches taillées dans les carrés de fantassins français par les salves britanniques du duc de Cumberland.

C'est au cours d'un de ces assauts qu'un mercenaire de la Maison du Roi - engagé dans la cavalerie moyennant une attrayante somme d'argent - fauché par un tir haut, s'effondre au sol tête en bas avant d'être traîné par son cheval sur plusieurs dizaines de mètres, le talon entravé dans son étrier. Largué à l'écart des carrés en plein affrontement par sa monture emballée, il est laissé pour mort. Puis oublié parmi les cadavres éparpillés sur le champ de massacre.

Après que les lignes défensives britanniques se soient disloquées face aux renforts du comte-maréchal de Lowendal à la tête de son régiment de mercenaires — il est un peu plus de quatorze heures —, la victoire est acquise par les troupes de Louis XV. Les officiers inventorient le champ de bataille, dénombrent leurs morts, rendent les blessés alliés à leurs corps respectifs et se retirent avec leurs propres mutilés. C'est alors qu'un des officiers français aperçoit la tunique du cavalier entraîné au milieu des lignes ennemies par l'affolement de son destrier. Tandis qu'il s'en approche en vue de le secourir ou d'en rapatrier la dépouille, il est atteint en pleine poitrine par un tir court de mousquet.

La scène se dévoile sous son point de vue le plus réaliste, à angles ouverts, comme dans un ralenti cinématographique. Mes yeux s'écarquillent : l'officier français n'est autre que moi-même, et le tireur britannique est Émile en personne. Pas les mêmes traits physiques, mais la même identité spirituelle. La même âme.

Émile m'observe avec gravité.

— Tu vois, au fil de nos vies, des maladresses de ce genre, combien en avons-nous commises ?

— Je n'en reviens pas. Toi, tu as pu me tirer dessus ? Me tuer ?

— Je ne te connaissais alors pas. Nous étions tous deux engagés, moi dans le régiment du duc de Hanovre alors au service des Hollandais, alliés de la couronne d'Angleterre. Toi dans la cavalerie de Louis XV. Nous avions, l'un et l'autre, les mêmes motifs de faire la guerre : besoin d'argent, toi pour acheter une charge, moi pour m'embarquer à destination de l'Amérique ou du Canada où j'espérais faire fortune dans le commerce des fourrures. Nous étions deux mercenaires, chacun au service d'un souverain marchandant ses faveurs aux puissants du siècle.

Je regarde mon père avec, d'un seul coup, un autre œil. Cet homme que j'aime comme un véritable protecteur, sensible, incapable de blesser une mouche, m'a défoncé la poitrine avec son arme à feu alors que je passais sans méfiance à proximité de lui.

— J'étais blessé. Je souffrais le martyre. Je sentais ma mort proche et j'étais désespéré. Mon geste a été aussi insensé que le feu du canon qui m'a mis à terre. Aussi fou. Je l'ai aussitôt regretté, persuadé que j'allais succomber, là. Ce ne fut d'ailleurs pas le cas. J'aurais préféré mourir car je me sentais éperdument lâche d'avoir tiré sur un inconnu sans motif. La bataille était terminée, perdue. J'étais cloîtré dans ma colère et submergé par l'effroyable déception d'avoir gâché ma vie dans ce combat qui ne me concernait nullement.

J'éprouve subitement une immense affliction pour l'homme qui s'était à ce point trompé de cible. Je me dissocie de l'idée qu'il fut par la suite cet homme si affectueux et généreux qui me protégea et m'aima plus que lui-même.

— Durant la vie qui me restait, je ne cessai de penser à cet homme que j'avais tué pour rien. J'aurais voulu le retrouver, le toucher, m'assurer de sa vie, implorer son pardon. C'était impossible. Je ne savais même pas si tu avais survécu à ce maudit coup de feu. Ce ne fut qu'après ma mort que j'appris la vérité : mortellement blessé, tu avais péri d'une infection contractée au cours de l'opération où l'on ouvrit ta poitrine pour extraire la balle logée dans un poumon. Je demandai alors la grâce de pouvoir te rencontrer, dans le coin de ciel où ta vie poursuivait sa route. Tu as écouté ma supplique avec patience et une aimable courtoisie. Tu m'avais déjà pardonné. Depuis le premier jour. Avant ta mort, même. J'en étais époustouflé. Moi, je ne m'excusais pas mon geste, mais toi, tu l'avais fait immédiatement. Cela m'a encore davantage bouleversé ! J'ai longuement pleuré, de regret et de désespoir. Mon émotion avait été si longtemps contenue. Toi, tu m'as alors conseillé de tourner cette page. J'étais très surpris. Tu m'as affirmé que j'avais le devoir de m'accepter tel que j'étais, non en coupable, mais en homme apeuré, blessé, souffrant, désespéré par son état de vaincu. Tu as déclaré que je devais d'abord examiner les raisons profondes de mon geste, les analyser et en assumer l'image qu'il me renvoyait de moi. Ses ultimes conséquences. Et tu as ajouté que toi, tu avais compris mon comportement et que tu l'avais accepté comme un acte humain, un geste de guerre, simplement possible, que tu aurais pu accomplir également. Nous sommes alors devenus amis. Inséparables. Nous avons partagé une même existence comme frères, ce qui a créé entre nous un tissu de liens étroits, de nature filiale. Puis nous nous sommes retrouvés père et fils, dans notre dernière vie, ce qui fut pour moi un grand bonheur.

Des larmes perlent dans le regard d'Émile. Je le serre entre mes bras en sentant la palpitation du frère qu'il fut et du compagnon d'aventure et de vie qu'il resterait définitivement pour moi.

— Puis-je ajouter une dernière précision ?

Devant mon silence, mon père me jette un regard souriant et s'abstient de poursuivre.

*

Nous marchons à présent sur la rive du fleuve où, très jeune, il allait régulièrement en promenade dominicale ou à la pêche. Il me montre quelques images de sa vie, que je ne soupçonnais pas. Ensemble, nous les contemplons avec amusement, comme face à la pellicule d'un bon documentaire dévoilant nos frasques respectives, dans l'insouciance d'un temps dépassé. Je n'ose poser de question sur certaines paroles que j'entends, des réflexions, des scènes dont je découvre l'incongruité ou la rudesse.

— L'éducation des enfants était âpre, à cette époque. Mais nos parents avaient connu pire, commente-t-il avec détachement, sans amertume.

Nous nous éloignons de notre passé. Notre route s'élargit brusquement au débouché de la vaste esplanade où Émile me fait découvrir les lieux où il étudie.

— Je viens ici presque tous les jours. J'y rencontre mes maîtres et mes amis.

Nous croisons plusieurs personnes qu'il salue, auxquelles il me présente fièrement :

— Mon fils, en visite impromptue dans notre univers. Non, il n'est pas mort. Seulement en transit, temporairement.

Abbad, Torrit, Bruno Livi, Henri Destan me sont alors annoncés, ainsi que d'autres hauts esprits et des collègues d'étude.

Je ne réalise alors pas que je salue quelques-uns des auteurs des plus prodigieuses découvertes mathématiques de notre monde.

L'édifice est en tous points semblable aux établissements d'enseignement les plus classiques que j'ai fréquentés « en bas ». Les amphis me rappellent ceux de la Sorbonne et de Claude Bernard. Même mobilier. Mêmes sensations de méninges surchauffées dans une ambiance studieuse et bon enfant.

Je m'aperçois que mon père est déjà passé au stade du calcul trigonométrique, des équations différentielles et de l'analyse des systèmes complexes. Je suis admiratif. Que de chemin parcouru ! Un grand homme, mon père !

— Me voici sur la voie où m'a entraîné ton frère Micael, me dit-il en éclairant l'écran d'un des calculateurs qui lui servent d'instrument d'étude. J'ai tellement éprouvé de frustration de n'avoir pas pu apprendre lorsque je travaillais de mes mains et tentais d'en savoir davantage sur les diodes, les transistors, tout ce qui fonctionnait par électronique, sans pouvoir comprendre comment...

Puis il m'explique quelques-uns des axes de ses études actuelles. Je suis heureusement surprise de voir que mon père a courageusement passé les différents niveaux des études universitaires classiques pour devenir un véritable savant, investi dans des recherches théoriques d'un degré que je ne réussis même pas à concevoir. Poliment, je tente de suivre ses explications enthousiastes dont je décroche malheureusement très vite, ce qui nous pousse hors du sévère bâtiment, incomparablement plus austère que le site ultra moderne où Micael, en compagnie de l'intrépide auteure de *Printemps silencieux,* convolent d'observation en expérience.

Nous traversons les jardins à la française de l'imposant campus, dont nous sortons par une interminable série d'escaliers qui me donnent le tournis. Nous accédons à une esplanade semi-circulaire qu'Émile désigne sous l'appellation d'*Epsilon*.

— *Epsilon* est un des observatoires duquel nous pouvons contempler les systèmes planétaires et solaires qui nous entourent. Regarde, ajoute-t-il en dirigeant obliquement son bras vers le bas. Là, se trouve la Terre.

Un vertige me fait osciller : là-bas, où je suis en ce moment...

La voûte qui nous surplombe est grandiose. Silencieusement, Émile me laisse admirer la splendeur de l'espace en guettant, du coin de l'œil, mes réactions. Je retrouve sans surprise le père qui nous a quittés au début de l'automne 1986 ; la même tendresse pour ses enfants, la même indulgence, le même émerveillement face à ce que nous faisions, disions ou réalisions alors. À ses côtés, je ressens la même énergie bienveillante. Je sais qu'il pense la même chose de moi, lui-même incroyablement heureux de se trouver en un tel lieu avec un de ses fils encore incarné. Comme si j'avais traversé mille océans pour atteindre un membre égaré de ma tribu, le serrer dans mes bras, passer quelques heures avec lui et repartir en lui laissant en creux la tiédeur de mon empreinte.

Nous gardons chacun pour soi ces sentiments, l'un près de l'autre, comme autrefois, chaudement calés au cœur de notre pudeur réciproque, quelques images de ce temps effleurant alors, de façon fugace, ma mémoire...

Regardant autour de nous, je suis étonné : la planète indigo n'est pas revêtue de son habituelle aura bleutée. Elle est terne, blanchâtre, ornée de bandelettes d'un rouge orangé vif, comme je ne l'ai encore jamais imaginée. Son satellite naturel, la Lune, offre une coloration brune et verte, sale. Mais ce qui me surprend encore bien davantage, c'est de voir qu'elle n'est pas seule. Autour de la Terre tourne une série de nébuleuses de tailles variées, certaines très petites, d'autres très grosses, scintillantes et fortement éclairées d'une lumière particulièrement vive qui contraste avec la pâleur de la Lune et de la Terre. Interloqué, je prends le temps de discerner : toutes ces sphères sont bien en orbite autour de la Terre, comme autant de satellites invisibles à nos yeux de terriens, et qui nous sont aussi parfaitement inconnus.

Mon père sourit, ravi de l'effet qu'il vient de produire chez son fils. Il me regarde en hochant la tête :

— Tu ne savais pas que notre bonne Terre était aussi richement entourée ?

Ébahi et incrédule, je l'interroge sur la présence de ces nébuleuses étranges dont aucun astronome n'a jamais fait état, à ma connaissance. J'ajoute :

— On est bien au temps présent ?

— Présent, passé et futur. Ces satellites sont là depuis l'origine de notre système solaire et y demeureront aussi longtemps qu'il scintillera.

— Ce sont donc bien des satellites... Pourquoi ne les voit-on pas depuis la Terre ?

Au moment même où je formule la question, dans ma tête s'inscrit la réponse : parce qu'elles n'obéissent pas aux lois physiques terrestres. Elles ont une densité énergétique proche de celle des quarks et un niveau vibratoire de l'ordre de celui des hypérons et des neutrons. Ce sont des charges d'énergie magnétique sans masse et mouvantes, peu stables et dépourvues d'atomes comme de molécules. Elles ne réfléchissent donc pas la lumière photonique. C'est pourquoi les observateurs scientifiques ne peuvent les voir. Toutefois, les instruments de mesure gravitant sur orbite géostationnaire en ont détecté les champs depuis longtemps, sans parvenir à en déduire la nature.

Rien de bien étrange à ce stade, mais une question surgit alors en moi spontanément :

— À quoi servent-elles ?

C'est sur cette question qu'en vrai scientifique, Émile m'attendait.

— Ce sont elles qui gèrent l'équilibre énergétique de notre planète. Les photons ne véhiculent que l'énergie solaire, mécanique et électrochimique. Mais les particules élémentaires constituent le ciment modificateur, constructeur et réparateur de notre matière à toutes les étapes de transformation des univers solides. Ce sont les gardiennes du temple où sont concoctées nos vies.

Qu'est-ce que j'apprends là ? Je n'en reviens pas. Émile me laisse mijoter dans mes réflexions.

— Tout cela est bien étrange. Peux-tu en dire un peu plus ?

Émile ne répond pas. Il s'avance au bord de la plateforme *Epsilon* où il se tient face au vide, comme un parachutiste sur le seuil béant d'un avion de largage. Il me fait signe d'approcher. Percevant mon appréhension, il me rappelle que ce monde est dépourvu de pesanteur. Impossible donc de chuter. Je me laisse guider près de lui.

— Regarde.

Je découvre un univers incommensurable de systèmes astronomiques, déployant ses nébuleuses face à nos regards écarquillés. Chaque système est structuré en corps matériels solides, ternes et tourmentés, comme j'ai vu précédemment la Terre et la Lune, tous entourés de globes scintillants aux couleurs inconnues.

Je me laisse aller dans le « vide », glissant doucement.

Une énergie me soulève et me porte aussitôt en direction de ces constellations, en épousant les sinuosités de ma curiosité émerveillée. Mon père me suit. Rassurante présence. À l'approche de certaines sphères, je redoute le feu d'un soleil. Mais je ne ressens rien d'autre qu'une très légère onde tiède.

— Ton esprit n'est pas combustible, plaisante Émile en se rapprochant pour me montrer que nous n'avons rien à craindre.

Nous serpentons ainsi de longues minutes - ou peut-être des heures - entraînés par ma curiosité et ma soif de découverte. Je m'efforce de m'imprégner des couleurs qui m'entourent en espérant pouvoir les reproduire sur la toile, à mon retour... Je sais déjà que ce sera impossible. Nous tournons ainsi autour d'un indénombrable groupe de planètes, dont Émile me cite parfois les noms — ou les codes — imprononçables, que je ne cherche même pas à mémoriser, et je finis par me rapprocher de l'une d'elles, naine, d'un rose doré admirable, comme j'aborderais un passant au milieu d'une ville inconnue. Mon père n'intervenant pas, je me sens libre d'agir et me laisse aller à pénétrer dans le champ de la lumineuse « Esmeraldorne » comme un moucheron tentant de forcer la pupille d'un promeneur. J'éprouve subitement une sensation d'immersion dans une piscine d'eau sirupeuse. Un bassin de la taille de l'océan Atlantique ! Je suis porté et bercé par une atmosphère bruissant comme un lit de cristaux frémissant à mon contact. J'ai l'impression que je peux nager, mais, en fait, je vole, à la vitesse de ma pensée. De la surface, mon père suit mes évolutions avec prudence et vigilance. Brusquement, une voix forte m'interpelle comme si elle résonnait dans un casque de plongée :

— Que faites-vous ici et qui êtes-vous ?

Je me retourne, regarde dans toutes les directions : rien ni personne. Ai-je rêvé ? Non. La voix revient à la charge et insiste péremptoirement :

— Que faites-vous là ?

Le ton est sans équivoque. Il faut que je m'explique. Je bredouille que *je suis... un terrien en visite dans...* Opportune intervention de mon père qui prend la parole et, en trois phrases, délivre notre origine, notre identité, et surtout nos intentions pacifiques. Il m'informe brièvement que l'entité qui nous parle appartient à l'ethnie d'Erion – une culture ayant colonisé plusieurs planètes en les rendant viables – et n'est pas soumis à nos fréquences, donc non visible.

Il y a un peuple qui vit là ? À quoi peut-il bien ressembler ?

À mesure que mon père s'explique avec notre interlocuteur transparent, je sens diminuer la pression que ses questions ont fait naître autour de moi. Les cristaux se remettent à chanter. On tolère mes évolutions à condition qu'elles ne perturbent pas l'ordre et la sérénité ambiants. Pourtant, je voudrais en savoir davantage sur la vie de ces gens d'Erion. Mais cet univers reste imperceptible à mes sens grossiers. Émile me fait comprendre que je ne verrai rien de plus et qu'il est préférable de ne pas s'éterniser. Je retourne auprès de lui, tandis qu'il prend poliment congé de notre hôte irrité alors que, pour ma part, je réalise que les cieux ne sont peut-être pas totalement exempts de risques.

*

Un peu plus loin, mon père me désigne un groupe de planètes en m'indiquant que leurs fréquences sont très proches de celles de notre système solaire. Il sous-entend qu'elles sont habitées par des êtres semblables à nous, mais ajoute que nous n'irons pas les visiter. Ce ne serait pas prudent, les peuples occupant ces parages n'étant guère hospitaliers. Nous passons donc au large, mais quelle n'est pas ma surprise d'apercevoir, à quelque distance de nous, un engin pyramidal, immobile, planté dans l'espace comme une citadelle à la lisière des orbites du système stellaire qu'il semble surveiller — ou protéger — à la manière d'une tour de contrôle ! En passant à proximité, je découvre que la science-fiction n'est qu'une pâle et lointaine imitation de la réalité. Cette pyramide est une ville de plusieurs kilomètres de hauteur, dotée de tunnels par lesquels circulent, entrent et sortent, de petites capsules allongées ou aplaties, capables d'apparaître et de se disperser dans l'espace à la vitesse de la lumière. Des silhouettes fines se découpent contre des hublots jaunes ou blancs. Mon père m'attire à lui et nous prenons le large.

— Ne restons pas ici. Nous pourrions être capturés, me lance-t-il, visiblement mal à l'aise.

Puis il me fait glisser dans une sorte de poche sombre que je n'avais absolument pas perçue, et qui nous masque complètement la vue de cet univers inquiétant.

— Il s'agit d'un couloir temporel, semblable à un trou noir. Nous allons l'emprunter pour franchir l'espace de retour à notre base.

— Nous retournons chez nous ?

— Oui. Il est temps. Je ne peux t'en montrer davantage. Ceci n'est qu'un aperçu. Si tu veux accomplir d'autres investigations, tu en parleras avec ton guide. Il y a des lieux où il est dangereux de s'aventurer. Dangereux et inutile...

Mon père sourit comme un collégien en train de rentrer au pensionnat en escaladant sa grille. L'instant d'après, ayant repris pied sur Epsilon, nous regagnons la base de travail d'Emile qui me saisit fraternellement à l'épaule en commentant notre escapade :

— L'univers n'est pas ce que l'on croit naïvement apercevoir depuis la Terre. Nos instruments d'observation ne sont pas assez puissants pour détecter les forces qui en occupent les différentes zones. Nous ne savons que fort peu de choses sur l'espace et ignorons totalement la nature réelle du temps. Nous n'en sommes encore qu'à lever le voile sur leur relativité réciproque - ce qui est certes important – mais ne sont que des balbutiements. Il nous reste à découvrir et inventorier les multiples formes de vie qui se sont développées dans le cosmos, non au fil de notre temps mais en générant leurs propres temporalités en même temps que leurs sphères d'existence. Les niveaux de densité sont quasiment infinis à l'échelle de nos connaissances actuelles. Ils ne varient pas seulement en fréquence mais également en nature, ce qui rend certains mondes absolument incompatibles avec le nôtre : imperceptibles et impénétrables. Sur Terre, nous pouvons nous en faire une idée par l'approche mathématique seulement - ce pont qui permet à l'esprit humain d'enjamber le vide de son ignorance. Ici, sous certaines conditions, nous pouvons créer des instruments d'investigation qui nous les rendent perceptibles et observables ; mais pas toujours expérimentables.

Emile me regarde avec un large sourire, guettant à la fois mon incrédulité et mes réactions. Face à lui, je ne sais que penser, n'ayant encore jamais envisagé la possibilité d'une telle variété de formes de vie. Mon père hésite à m'en dire davantage. Ce serait certainement trop long et vain : comment se représenter ce qui nous est totalement étranger ? Peut-être est-ce pour cela que l'on a inventé la foi... Se recentrant sur une idée qu'il semble ramener des profondeurs de sa pensée, Emile ajoute :

— Le temps n'est pas linéaire. Comme l'univers, il se déploie selon des modèles sphériques. Cela, nous ne pouvons pas l'expérimenter au cours de notre existence physique. Ici, nous l'appréhendons différemment : nous pouvons en moduler la durée, les rythmes et en gérer la linéarité. Ce qui nous permet, notamment, d'observer des événements appartenant à notre passé – ou au passé du cosmos. Les modèles de temps constituent un sujet d'étude passionnant, complètement inédit pour moi, auquel je souhaite pouvoir me consacrer désormais.

L'homme qui s'adresse à moi a totalement changé d'aspect au fil de ses confidences. C'est à peine si je le reconnais à présent. Au dessus de cette âme de père qui serrait ma main d'enfant lors de nos lointaines et riantes promenades familiales, un regard d'aigle, parcouru de préoccupations cosmiques et animé des interrogations les plus fondamentales, vient de déchirer le voile qui en masquait les profondeurs.

Les sentiments qui m'animent alors sont indescriptibles.

Une jubilation passionnée et une admiration sans borne m'ont envahi. J'aime follement les moments de cette excentrique complicité que vient de m'offrir l'homme qui fut mon père, en train de déployer, sous mes yeux ébahis, une envergure de géant.

Nous retournons dans le vaste jardin de l'Institut qui, décidément, ressemble à s'y méprendre à celui que l'on découvre au bas de la rue Soufflot, cent fois plus étendu, bien sûr.

Gentia

— Tu as déjà accompli des missions avec Micael, demandé-je ?

— Non. Pas des missions. Nous avons parfois travaillé ensemble sur des modèles d'équations ou sur des algorithmes. C'est lui qui a commencé à m'initier à l'informatique et à ses différentes formes de logique ; j'en ai approfondi l'étude auprès des professeurs du Centre. Ici, tous les experts dont on peut rêver sont présents.

— Avez-vous créé des modèles d'étude appliqués à ce que l'on nomme le *réchauffement climatique* ?

— Personnellement, non. Mais ici, plusieurs équipes travaillent sur les phénomènes affectant notre Terre. Ils observent et notent les évolutions de la planète selon ses multiples paramètres : thermiques, électrochimiques et électromagnétiques. Les phénomènes thermiques terrestres dépendent de facteurs extrêmement nombreux et variés, dont les régulations sont largement exogènes. L'aspect endogène, que l'on dramatise énormément sur Terre en raison des cataclysmes redoutés, ne prévaut pas. La Terre a les moyens de défendre son intégrité. Elle l'a accompli au long de son histoire, lorsque ses cycles l'ont exigé. Les transformations qu'elle a connues au cours de son évolution ne l'ont jamais mise en péril. Par contre, la vie qui se déploie à sa surface, subit, à chaque étape, des changements puissants, décisifs pour la survie de toutes les espèces. Dans le cycle actuel, la survie des terriens pourrait être remise en question...

J'espère entendre plus de précisions ; mais Emile semble décidé à me laisser sur ma faim, guère enclin à en dire davantage. Souhaite-t-il m'épargner ? Ignore-t-il notre avenir ou lui est-il interdit de révéler les prochaines catastrophes qui nous guettent ?

— Les événements climatiques inquiétants qui se répètent actuellement à la surface de notre Terre, sont-ils normaux ? Participent-ils de la vie ordinaire de notre planète ou sont-ils les prémices de notre destruction prochaine ?

— Ils sont les signes manifestes de profonds changements, dont la nature véritable n'est pas visible aux yeux des hommes. Ces changements n'ont pas pour principale origine les excès de rejets industriels dans l'atmosphère, comme l'affirment certains. Certes, les abus de polluants accélèrent certains processus de dégradation, mais ils n'en sont pas la cause première. L'origine de ces transformations est largement cosmique, consécutive au cycle actuel de restructuration de notre Terre dont le moteur est purement énergétique. La terre change de corps. Elle croît et s'affine. Les hommes ne peuvent ni enrayer, ni modifier ces événements. Les dégradations de l'air et des sols n'y changent pas grand-chose.

L'homme devra s'adapter à ses nouvelles conditions de vie. Ce sera son défi à relever au cours du siècle qui débute.

Avec ces mots, Emile clôt ce sujet de discussion puis se tourne vers une série d'écrans qu'il effleure et allume sous nos yeux. Des paysages célestes apparaissent, surchargés de longs chapelets d'équations chimiques se succédant si rapidement qu'il m'est impossible d'en capter l'enchaînement. De temps en temps, des items rouges s'encadrent au bas de l'un d'eux où ils clignotent victorieusement jusqu'à l'apparition d'un item suivant. Je contemple avec incrédulité l'incompréhensible défilement qui m'inspire spontanément la question suivante :

— Vous pratiquez l'intelligence artificielle ?

— Oui, bien sûr : *Gentia* ! C'est le nom affectueux qu'on lui prête ici. Nous désignons ainsi les machines chargées de donner corps à toute logique. Nos ordinateurs fonctionnent sans nous. Ils sont auto-pilotés et programmés à l'aide d'un système de questions-tâches auquel nous affectons des objectifs gradués leur laissant toute latitude pour chercher et produire leurs solutions aux problèmes qu'ils découvrent. Nous plaçons des curseurs d'alerte puis de validation aux étapes prévisibles de chaque session. Mais nos prévisions se révèlent souvent déplacées… Il faut laisser aux machines toute liberté d'explorer et d'exploiter leurs propres déductions puis d'en extraire des pistes d'études de différents degrés de complexité, qu'ensuite nous devons tenter de comprendre avant de lancer de nouvelles investigations et de nouvelles sessions.

Mon père me guette à travers le balayage effréné de nombres, de signes et d'exposants défilant sous nos yeux. Il semble épier l'apparition d'items qui, manifestement, se font désirer. Je sens de la fébrilité dans son attente sans oser l'interroger sur son contenu. J'ai déjà deviné que ses travaux portent sur des domaines inaccessibles à mon intelligence béotienne. Passant d'un écran à un autre, il surveille les résultats qui viennent se caler sur des tableaux, dans des colonnes qui se forment puis disparaissent après avoir injecté leurs conclusions dans un nouveau système de calculs. Des blocs de chiffres s'élaborent puis se disloquent comme des briques s'envolant pour aller construire d'autres édifices sur des écrans voisins. Je me laisse aller à une admiration béate qui m'inonde.

Dieu est un mathématicien de génie qui a élaboré un fabuleux échiquier avant de jouer avec les tours, les fous, les reines et les rois dont il a empli son propre univers. Voilà ce que je pense simultanément à l'idée d'abandonner Emile à ses *logs* et à son attente de résultats...

— Oui, notre quête d'aboutissement et de solutions est obsédante, marmonne Emile en écho à mes pensées. Nous ne sommes jamais certains d'avoir planifié les plus justes seuils de contrôle. C'est pourquoi nous demandons à présent à Gentia d'auto-programmer l'évaluation de ses initiatives. Je dis bien « auto-programmer ». C'est-à-dire : avoir du bon sens. Faire des choix de valeurs. Ce sont des pistes que nous commençons à inventorier et qui nous font découvrir quelques principes de psychologie de l'intelligence.

Je reste interloqué. Moi qui avais déjà placé une frontière étanche entre la logique froide, rigide, entièrement technique et le monde fluide de la motivation, des désirs ou de la volonté, j'en suis pour mes frais. *Dieu serait-il également joueur de poker ?*

Mon père rit en entendant mes divagations. Il s'en amuse.

— Tu vois, mon fils : nous sommes loin des questions naïves sur les dangers que l'intelligence dite « artificielle » pourraient faire peser sur la liberté des hommes. Dieu ne se contente pas de jouer. Il est Le Maître-artisan de la création universelle. On n'a pas à craindre de voir nos logiciels de recherche se fourvoyer. Leurs égarements sont nos plus prodigieuses sources de créativité. Notre responsabilité consiste à donner ou non notre aval aux étapes décisives ; pas seulement celles où des résultats sont attendus mais surtout celles qui ouvrent les possibilités les plus incertaines ou les plus salutaires, même non prédéfinies. De fait, *Gentia* élève notre jugement et nous pousse sur des voies que nous aurons à choisir et à expérimenter. Tout ce que nous pouvons craindre, c'est que nos propres choix nous conduisent vers des buts erronés.

Si *Gentia* se montre plus intelligente que nous, tant mieux. A nous de poser les bonnes questions et de sélectionner les réponses pertinentes. Nous n'avons aucune raison de redouter l'usage de nos merveilleux outils. *Gentia* est intelligente et n'a pas mauvais fond.

Émile éclate de rire et poursuit :

— Les hommes ne sont pas les dieux de l'Univers. Depuis l'origine, ils sont dépassés par l'intelligence ambiante qui anime le monde et commande à ses cycles. Redoutons-nous l'intelligence de nos maîtres ? Non. Au contraire, nous la recherchons. Alors, l'intelligence artificielle ne peut nous inquiéter !

Mon père rit comme un enfant concoctant une bonne blague. Je m'aperçois qu'il se moque gentiment de ces savants amateurs qu'il a certainement entendus, sur notre Terre, raconter que l'IA allait dominer notre monde et nous entraîner vers toutes sortes de malédictions. Il s'en amuse follement.

— Les hommes ne sont même pas d'accord sur la définition de l'intelligence ! Comment pourraient-ils la laisser mener le monde ? Soyons modestes. Dans la matière, la confusion mêle l'intelligence aux motivations. Sans distinction. Or la motivation, elle, ne se paramètre pas selon les logiques de l'intelligence. Elle est d'un ordre différent.

Je comprends mieux, à présent, la placidité d'Émile. Les études qu'il conduit l'ont mis au contact de réalités d'un niveau dont la plupart des scientifiques terrestres n'ont pas idée. Seuls quelques astrophysiciens commencent à entrevoir ce qui se trame dans l'Univers. Les neuro-scientifiques, quant à eux, tâtonnent, le plus souvent dans des impasses.

Je reprends le fil de mes interrogations :

— Pour en revenir à Micael...

— Nous nous voyons de temps en temps. Il passe me dire un petit bonjour, avec son inséparable acolyte, Rachel. Nous échangeons beaucoup. Mais c'est le plus souvent pour le travail. Sauf lorsqu'un incident touche un de nos proches encore incarné : un malade ou un « mort ». Là, nous allons aux renseignements, et, quelquefois, nous réunissons avec les autres membres de notre famille. Nous prions ou nous apportons l'aide nécessaire à celui qui en a besoin. Charlotte, votre maman, est très attentive à tous les événements qui concernent notre famille. Elle nous tient toujours informés.

— Elle vient donc ici ?

— Non. C'est un guide qui nous transmet l'information. Ici, l'espace est réservé à nos activités intellectuelles : scientifiques et techniques. Tu sais, depuis que nous avons quitté la Terre, nos relations ont beaucoup évolué. Nous avons pris de la distance et grandi.

A l'évocation de sa dernière épouse, le visage d'Emile s'est légèrement teinté d'un halo de mystère. Regardant au loin, il me confie :

— Clara vit auprès des êtres de la lignée à laquelle elle est liée depuis de nombreux cycles.

Mon esprit s'éclaire : la voilà la distance que j'avais cru observer entre mon père et ma mère !

— Sa famille en quelques sortes.

— *Famille* au sens spirituel du terme. Elargie à de nombreux rameaux.

— Avec ces êtres, elle a déjà vécu d'autres vies ?

— Bien sûr. Ils ont partagé de nombreuses expériences de vie, sur Terre mais également dans d'autres sphères non physiques. Ils ont une longue histoire commune et se sont façonnés des caractères et des vertus à travers de multiples épreuves communes. Ils s'accompagnent souvent et s'aident mutuellement.

Les paroles de mon père semblent m'être délivrées sous le sceau d'une étrange confidence. Je n'en saisis pas la raison. Levant les yeux sur moi, il précise :

— Tu appartiens, toi aussi, à cette même lignée.

Sans laisser ma stupeur l'interrompre, il ajoute :

— Comme ta sœur Pauly, qui a toujours été très proche de sa mère ; tu t'en es rendu compte. Et Micael également.

Je fais subitement le rapprochement entre les divers signes d'étroite complicité que nous avons vécus ou constatés au long de notre vie. Ainsi, ma sœur Pauly, Charlotte, notre mère, et mon frère Micael, nous tenons tous de la même origine.

— Les êtres s'incarnent souvent entre proches afin de favoriser l'entraide dont ils pourraient avoir besoin ; ou simplement parce qu'ils ont choisi de partager ensemble leurs expériences et leur histoire.

Ayant marqué une longue pose, il ajoute enfin :

— Tes autres frères ainsi que ta sœur Marie-Pierre tiennent, eux, de ma lignée...

Le regard de mon père s'est ouvert. Après avoir longuement hésité, il a fini par me livrer un de ces petits secrets que j'emporterai, logé quelque part dans mon inconscient profond — si ma mémoire immédiate se montre défaillante —, de cette folle séquence de découvertes.

*

Je sens que le temps approche de nous quitter. La tristesse m'envahit. Je ne sais quand je reverrai ces êtres auxquels ma vie entière est rivée, comme à autant de phares transperçant ma nuit.

La mine grave, mon père plonge en moi son regard infiniment protecteur. Son affection m'enrobe et dépose sur chaque parcelle de mon être une chaleur enveloppante et bienfaisante. Je ne veux pas laisser l'amertume entamer le bonheur que nous venons de faire éclore ici. Je sais que nos vies suivent désormais des itinéraires distincts. Je dois l'accepter et en assumer les nécessaires ruptures.

— Ne sois pas malheureux, mon fils. Nous ne nous quittons jamais tout à fait. Nos cœurs nous lient indéfectiblement, tant que nous les laissons ouverts. Tu resteras, pour l'heure, le fils que j'ai voulu, porté, aimé, protégé, chéri, et un peu aussi éduqué. Je suis si heureux et si fier de ce que tu deviens. Plus tard, peut-être, au cours d'autres existences, nous serons à nouveau unis pour vivre, côte à côte, de nouvelles conquêtes. C'est peut-être toi qui seras mon père...

Ses paroles résonnent en moi alors que j'éprouve le sentiment de n'avoir pas suffisamment aimé, ni apprécié, cet être auprès duquel j'ai partagé les événements et les situations d'une vie entière. Centré sur mes préoccupations, mes besoins et mes ambitions, je regardais ailleurs sans voir l'âme de celui auquel je devais tant d'attention, tellement d'inquiétudes et de sacrifices.

Émile me serre dans ses bras. Je sens sa force sereine et sa sagesse profonde me pénétrer. Elles rétablissent instantanément l'équilibre en train de chanceler sous ma faiblesse nostalgique.

— Merci, papa, pour ce que tu m'as, encore une fois, apporté ici. Que Dieu te garde éternellement dans Sa paix. Sois heureux dans cet univers parmi les êtres auprès desquels tu œuvres. Que ta vie demeure toujours aussi belle à travers les actes que tu as réalisés pour les tiens ainsi que les missions que tu accomplis en ce moment dans ces lieux. Que l'Esprit qui nous guide t'accorde Sa miséricorde, Sa protection et te bénisse.

*

Passant les hautes grilles du parc de l'Institut sans me retourner, j'entends la voix d'Émile murmurer une supplique adressée à Marie. Je porte alors mon regard vers le Ciel – où plusieurs soleils pulsent généreusement – en demandant de nouveau à Notre Père d'apporter sa force et sa protection à Émile, comme à Micael, à Charlotte – Carla –, et à tous les membres de ma communauté d'esprit. Je remercie Notre Mère, Reine du Ciel, pour sa bienveillante contribution à nos existences.

* * *

IV – Ciam

Dans l'espoir de retrouver mon frère Micael, j'arpente un dédale d'allées conduisant, je le suppose, vers son laboratoire. Après moult circonvolutions, je me perds et me rends finalement compte que j'en ai perdu l'accès. Peut-être m'est-il tout simplement interdit. Je suppose alors que Félicien va venir me sortir de l'errance *paradisiaque* dans laquelle je suis en train de patauger.

Non. Je reste seul et j'ignore en quel lieu.

Du regard, je cherche une hauteur de laquelle je pourrais me situer puis, sans réfléchir davantage, m'y porte par le simple effort de ma pensée. J'atterris sur une étrange formation rocheuse mêlant falaises abruptes, abîmes et eaux transparentes : la réplique du Trolltunga norvégien. L'immensité sauvage du lieu me saisit moins que le fourmillement d'une multitude de petits êtres folâtrant partout sur les lichens, le long des failles, au milieu des taillis, surfant sur les vagues du fjord, planant dans l'air glacé en chantant parfois à tue-tête.

Je me demande si l'euphorie de mon imagination n'est pas en train de me jouer un tour. Non. Ces petits êtres colorés ont bien la tête et le corps des elfes, nymphes, nixes et trolls des légendes nordiques, facétieux tels les sept nains du conte ou candides comme la mythique Lorelei. Je m'en approche ; ils ne fuient pas, me toisent, se jouant de ma surprise en répondant à mes gestes par des imitations à la fois drôles et grotesques, vaguement provocantes. J'ai toujours cru que ces personnages relevaient de l'imaginaire des poètes ou des prétendus chamans. Je m'aperçois ici, comme il y a quelques minutes au milieu des galaxies du cosmos, que la réalité défie fiction et vraisemblance.

Assis au bord du précipice, j'entame le dialogue avec un trio de petits personnages occupés à rouler un énorme bloc de granit obstruant un passage qu'ils ont manifestement l'intention de dégager en vue d'accéder au creux d'une entaille profonde. Les trois minuscules athlètes ne prennent pas garde à moi, poursuivent leur labeur jusqu'à ce qu'à ma grande surprise, le rocher chancelle, se retourne et dévale la pente en bondissant jusqu'au fjord, qui l'engloutit dans un fracas de bombardement.

L'instant d'après, l'un d'eux, frère jumeau de Prof, campé face à moi, poings sur les hanches, me dévisage et me lance :

— Ainsi, stupide humain, tu doutais de notre existence ? Tu croyais que la vie a été créée pour les hommes et qu'eux seuls y ont droit ? Impudent prétentieux ! La vie est pleine, là, autour de toi, infiniment riche de milliards d'espèces dont l'homme n'est qu'un ersatz.

— Ersatz ? Pourquoi un tel qualificatif ?

— Ce n'est pas une métaphore. C'est un fait, observé, constaté, indubitable. L'homme est parasite du monde, tandis que nous, les espèces laborieuses, sommes les petites mains de la création. Alors que vous la maltraitez, abusez de ses services, détruisez ses bienfaits, nous la comprenons, l'aimons, l'entretenons, la soulageons quand elle souffre. Nous auscultons son âme dont nous sommes les médecins. Apprenez, apprenez, apprenez, ignorants que vous êtes ! Devenez humbles face aux prodiges de la vie et vous grandirez.

— Comment t'appelles-tu ?

— Qui t'a dit que j'avais un nom ?... Oui, j'en ai un. On me nomme Ciam.

— Bonjour Ciam. Merci d'accepter de dialoguer avec moi. Je suis heureux de te connaître, même si je ne mérite pas ton estime.

— Tu n'as pas l'air d'être le plus méchant des hommes ni le plus bête. Alors, sois le bienvenu dans notre pays. Ici, tu es au royaume des Trolls. Tu es chez nous. D'ailleurs, peu d'humains osent franchir les barrières naturelles qui nous isolent et nous protègent de votre barbarie.

— Vous avez donc un roi ?

— Oui. Un roi, auquel nous obéissons de notre plein gré.

— Comment s'appelle-t-il ?

— Anthérön. Il est quasiment immortel. Il ne meurt que s'il le décide et quand il estime que c'est le moment pour lui de changer de cycle de vie. Alors, il quitte son corps de Gnome et part vers un autre univers qu'il choisit selon l'orientation qu'il souhaite donner à sa destinée.

— Comment le roi est-il choisi ?

— Par un comité de sages, supervisé par un Dieu.

— Un Dieu ?

— Oui. Les Dieux nous accompagnent dans tout ce que nous décidons et réalisons. Tu n'as pas entendu parler d'Odin ou de Wotan et de Thor ? De Loki et de Baldr ? De la déesse Freyja ? Crois-tu que nous pourrions accomplir notre œuvre si nous étions seulement livrés à nous-mêmes, comme vous, les humains, qui faites n'importe quoi ?

— Tu ne nous aimes pas, déploré-je en tentant d'amadouer mon ombrageux interlocuteur.

— Si, nous vous aimons, au contraire. C'est pourquoi nous vous jugeons si sévèrement. On préférerait tellement que vous contribuiez au progrès de la création universelle.

Je dois avouer que je partage un peu l'opinion de Ciam. Nous ne collaborons pas beaucoup à l'œuvre créée. Mais nous avons peut-être une excuse :

— Les dieux ne nous aident peut-être pas assez.

— Les écoutez-vous ? Prêtez-vous attention à leurs messages ? Êtes-vous attentifs à leurs signes ? me demande, avec un ton plein de reproches, mon nouvel ami Ciam.

— Il est vrai que nous nous sommes coupés des puissances supérieures. Nous leur tournons le dos. Ainsi, nous ne les percevons plus. Je le reconnais.

— C'est bien ; tu es moins arrogant que la moyenne des êtres de ton espèce. Tu mérites le paradis.

Je ne sais comment interpréter l'absolution de Ciam. Au moins, je monte de quelques degrés sur l'échelle de son estime.

— Tu comptes rester ici longtemps ?

La question me prend de court. Je n'y ai nullement réfléchi. J'hésite avant de confier :

— Je suis monté ici pour tenter de me repérer dans ce monde. J'ignore où je suis et comment regagner le laboratoire où mon frère...

— Tu parles de Micael ?

Comment connaît-il le nom de mon frère ? Où l'a-t-il appris ?

— Ne sois pas surpris. Nous sommes partout, voyons tout et sommes informés de tout. Nous sommes l'âme des choses. Tu saisis ? Nous devinons ta provenance et ton identité simplement en percevant les ondes émanant de ton être. Tu t'es perdu et tu as échoué ici pour essayer de retrouver ta route. Tu as bien fait ; ainsi nous avons pu faire connaissance. Dans les forêts que tu traverseras désormais, tu ne douteras pas de la présence d'une multitude de petits habitants, invisibles mais bien réels, et fort utiles au bien-être comme à la survie de toutes choses créées. Sache tout de même qu'en venant ici, tu t'es bien trompé d'itinéraire. Tu as cru monter sur une montagne, mais tu es descendu sur la Terre. En Norvège. Dans un des plus beaux sites du monde : notre royaume.

— Nous sommes sur Terre ?

— Oui. Sur ta bonne et vieille Terre. Comme tu as revêtu un aspect de fantôme, tu peux nous voir. Sinon, tu continuerais à passer à côté de nous en nous ignorant.

Je suis complètement déboussolé. Comment ai-je pu me laisser désorienter à ce point ? Ce gnome ne me raconte-t-il pas des histoires ?

— J'ai mieux à faire que d'inventer des sornettes pour amuser les humains, rectifie aussitôt Ciam. D'ailleurs, je vais te le prouver : laisse-toi glisser jusqu'au niveau de l'eau. Tu trouveras une douzaine d'elfes qui te guideront vers le large, jusqu'à un certain point – ce lieu que vous appelez *triangle des Bermudes* – où une masse de nuages très denses te soulèvera et t'emportera instantanément au point où tu veux te rendre. Micael t'y attend impatiemment.

Je prends courtoisement congé de Ciam avant d'appliquer scrupuleusement ses consignes.

Très fière d'avoir à prendre en charge un humain, même désincarné, l'escouade d'elfes se met en quatre pour me conduire. Ils me guident jusqu'au milieu d'un océan où l'air et l'eau se confondent. Là, ils me font traverser une masse de brume totalement opaque à l'intérieur de laquelle je me sens comme pétrifié. Il s'agit d'un simple siphon d'énergie, un couloir temporel capable de franchir l'espace hors de la durée. Une seconde plus tard, je prends pied sur l'esplanade où j'avais quitté mon jeune frère quelques heures plus tôt. Ciam ne s'est pas trompé : Micael m'attend, impatient et heureux de me retrouver.

* * *

V – Le Départ

Chirurgie

— Tu as des nouvelles de ton corps physique ?

— Je n'en ai pas. Sont-elles bonnes ?

— L'opération est presque terminée. Ils vont commencer à recoudre. Tout s'est passé on ne peut mieux. Les deux chirurgiens sont des as. Ils s'entendent parfaitement et leur technique est bien rodée. Ils ont recours aux instruments actuellement les plus performants. De plus, parallèlement au travail des chirurgiens, Marc et Edgar ont assuré le renforcement en énergie des tissus affectés par l'intervention. Ils ont perfusé le corps éthérique des organes affectés après en avoir provisoirement détaché le lien physique. Ainsi, ton corps a supporté les résections sévères qu'on lui a fait subir sans déficit. Tu as de la chance d'être aussi bien soigné.

Ces paroles inespérées provoquent la fonte de mes craintes et une puissante poussée de reconnaissance. Je sais que Micael fut présent avec eux durant une partie de l'opération, même si sa modestie ne lui permet pas de l'évoquer. Sans doute s'y est-il rendu avec Rachel. Je crois qu'ils font tout ensemble. Mentalement, je remercie Angelo ainsi que Félicien, mes guides et tous les médecins astraux ayant contribué à ma prise en charge de façon aussi attentionnée. Et, bien sûr, Notre Père et Marie.

— Je te remercie, mon cher frère, de ton aide si diligente, si compétente et si affectueuse. Je te souhaite d'être toujours, toi aussi, assisté avec autant de sollicitude que je le suis en ce moment, ici.

— Cela est dans la nature de nos relations et de l'estime réciproque que nous nous portons. Je l'aurais fait pour n'importe quelle autre personne que j'aime. À présent, tu dois te préparer à retourner dans ta chair, comme je m'apprête, depuis plusieurs cycles, à quitter mon laboratoire. Je suis associé à une brigade très spécialisée comme chargé d'une importante mission au cours du XXIe siècle. Nous allons prendre corps en différents lieux de la Terre et aurons à effectuer des tâches précises pour tenter de détourner le flot de dégradations chimiques et biologiques qui menace la vie et l'intégrité du vivant sur notre planète.

— J'ai également appris que tu envisageais de te réincarner, mais j'ignorais que c'était si proche.

Mission

— La nécessité de coordonner nos actions pour qu'elles puissent concourir à un résultat pertinent, m'amène à accélérer mon départ.

— J'imagine que ton amie Rachel sera du voyage.

— On ne peut rien te cacher. Nous avons beaucoup travaillé, ensemble, à la mise en place de ce *congrès*, qui reposera sur une équipe aussi experte et aguerrie que celle qui, de la Renaissance au XVIIIe siècle, a provoqué l'émergence de l'esprit scientifique, l'apparition de la rationalité dans la pensée, et la dynamique révolutionnaire des Encyclopédistes et des Lumières. Nous sommes destinés à être les Newton, Copernic, Galilée, Descartes, Voltaire, d'Alembert et Montesquieu de la première moitié du troisième millénaire.

— Rien que ça !

— Mais dans des domaines légèrement différents. Nous allons contribuer à introduire l'intuition rationnelle dans la compréhension et la connaissance de la Vie. Par le numérique, les mathématiques vont entrer dans nos existences quotidiennes et une autre façon d'appréhender la spiritualité va ouvrir aux hommes une intelligence nouvelle des êtres, de la nature et du cosmos. La science va entrer dans une nouvelle phase. Nous allons perdre de moins en moins de temps à réaliser des calculs longs et fastidieux. Ceux-ci seront effectués en temps réel par nos automates. Nous devrons désormais nous consacrer à la partie noble des tâches, celle qui requiert inventivité, et surtout vertu.

— Tu as bien dit : vertu ?

— Oui, car les découvertes qui nous attendent ne doivent ni ne peuvent être mises entre les mains d'êtres malveillants. Je ne t'explique pas pourquoi... Ainsi, les progrès que la science va nous offrir devront être ancrés dans une nouvelle éthique, elle-même fondée sur une perception élargie de la Vie, du cosmos et de l'esprit. Une ère nouvelle va balayer le vieux monde vermoulu du XXe siècle enfermé dans son dualisme, ses clichés, ses préjugés et ses fausses vérités. Les idéaux passéistes sont révolus. Ils volent d'ailleurs déjà en éclat... Je ne peux t'en dire davantage, ignorant moi-même le point jusqu'auquel nous pourrons faire pousser nos graines, ensemencer les cœurs et les intelligences et développer les nouvelles ramifications de la Vie. Une pensée nouvelle germe déjà chez les nouveaux philosophes, qui vont balayer les matérialismes archaïques comme fétus de paille.

— Ce que tu me dis là m'émerveille, Micael. Je t'envie d'être ainsi impliqué dans la construction de l'avenir de notre monde, l'univers de nos petits-enfants et de leurs descendants. Je sais que je ne ferai pas partie de l'épopée. Au mieux, j'assisterai à vos œuvres et à vos succès assis au bord de la plateforme Epsilon...

— Aux côtés d'Émile, alors... À moins qu'il ne vienne se joindre à la deuxième vague de conquérants. Ce qui est probable car notre ouvrage mettra à contribution plusieurs générations successives de savants, de penseurs et de techniciens. Comme ce fut le cas lors de la naissance de la pensée moderne, dans son entreprise de déracinement de la sclérose scolastique... Prépare-toi. Qui sait si tu ne te laisseras pas tenter, toi aussi, par cette aventure ? Peut-être y es-tu déjà, à ton insu, associé, par ta présence ici...

Je reste méditatif, me référant au modèle du mouvement copernicien pour me représenter la révolution qui va se mettre en mouvement au cours des prochaines décennies. Micael ajoute, tout excité :

— Oui, mon cher frère, le monde du pétrole, du charbon et des combustibles fossiles est d'ores et déjà mort et enterré. L'ère des électrons, des photons et surtout des plasmas, est en route pour lui succéder totalement. Lorsque nos enfants et nos petits-enfants liront sur des écrans immatériels nos documents d'archives datés *années 1900-2000*, ils se rouleront à terre et mourront de rire.

Je sais que Micael a raison. Ce que j'ignore, c'est comment ils vont s'y prendre. Par quel prodige ils vont pouvoir bousculer non seulement les préjugés dans lesquels nous sommes englués, mais surtout les intérêts colossaux associés à ces préjugés. J'ai idée qu'il y aura, dans leur équipe, quelques futurs dirigeants aptes à jouer la combinaison Benjamin Franklin – Thomas Jefferson – Bill Gates : le génie, l'éthique et l'argent réunis dans une même main, une même volonté de forcer l'avenir et de dépasser nos limites et nos résistances.

Auront-ils alors, à leurs côtés, les guides spirituels aptes à détourner les hommes des mystifications matérialistes et de la perversion égocentrique des sociologies conflictuelles qui fleurissent aujourd'hui dans notre monde ?

Car s'ils n'ont pas à leur disposition les forces de l'esprit, le pouvoir et la puissance économique, même ajoutés à l'expertise scientifique, risquent de rester inopérantes ou peu productives. Les puissances maléfiques agissantes pourront-elles être neutralisées ? Ignorant les paramètres réels de leur épopée, je me garde de toute vaine hypothèse. Et je croise les doigts en espérant, de toute mon âme, que Dieu, avec Sa souveraine puissance, sera présent aux côtés de mes frères.

Deuxième séparation

Micael me regarde d'un air enjoué.

— Ne t'inquiète pas, dit-il en riant largement. L'histoire ne se répète pas. Elle s'invente, se crée et se cisèle avec des outils affûtés, sans cesse renouvelés. Elle a aussi ses appuis dans les inter-mondes. Sois sans crainte. Nous sommes entourés...

Je saisis la naïveté de mon scepticisme et, sentant l'heure du départ proche, je tente de dissimuler la gravité qui s'empare subitement de moi.

— On ne se reverra peut-être pas, ajouté-je la voix beaucoup plus étranglée que je le redoutais.

— Je débute ma descente très prochainement. Nous nous retrouverons à mon retour, me répond Micael.

— À ton retour ? Mais cela va porter à combien de temps terrestre ?

— Peu importe... Reste serein. Nos vies sont appelées à suivre un parcours sinueux. Nous finissons toujours par nous retrouver, au bout de nos péripéties. Mon cœur est lié au tien depuis longtemps. Comme à Émile, comme à Clara, notre dernière maman. Tu auras de mes nouvelles auprès d'Aniel, si tu le désires. N'hésite pas à venir lui parler lorsque tu rendras visite à nos parents, qui sont si heureux de nous revoir. Je le rencontrerai assez régulièrement, au cours de mes escapades nocturnes. Mais il me sera alors difficile de communiquer avec mon ancienne famille car ma conscience sera attachée au fil des problèmes que j'aurai à résoudre dans mes travaux et à la poursuite des objectifs de ma mission. Je vivrai alors sur des ressources énergétiques totalement nouvelles, inconnues de nous aujourd'hui.

Face à mon visage couvert de larmes, Micael me prend dans ses bras. Il me serre en ajoutant affectueusement :

— Ne sois pas triste, G. Tu demeureras dans mon cœur comme je resterai dans le tien. Tu vas reprendre ta vie. Tu auras encore un long parcours à accomplir si tu le souhaites. Ce sera ton final, la meilleure partie de ton histoire – qui aurait pu s'achever ici, sous nos yeux, mais qui peut te réserver encore de grandes et belles joies. Garde confiance. N'oublie pas que tu dois passer ta licence de pilotage avant un an. Je sais, c'est difficile mais c'est un de tes rêves qui se réalise.

— Grâce à toi, je ne l'oublie pas…

Micael rit. C'est lui, en effet, qui m'a poussé, il y a un peu plus de deux ans, à entreprendre un apprentissage de pilotage d'hélicoptère auprès d'un club réputé dont j'ignorai alors l'existence même, non loin de chez moi, de surcroît. Ce à quoi je n'avais même pas songé, moi qui en ai toujours rêvé. Il ajoute :

— Sois toujours mon grand-frère aimé, G. Fais bonne route. Prends soin de toi et de tous ceux que tu aimes. Nous nous reverrons.

Ces paroles sont les dernières que nous avons échangées, Micael et moi. Les toutes dernières. Depuis lors, je ne l'ai plus revu.

Plus tard, on m'apprend qu'il est né dans une famille où il est attendu comme le messie, dans un pays dont le nom ne m'est pas livré, sur un de ces continents où tout est à construire... Où les cycles anciens ont laissé beaucoup de ruines, de déceptions, de désespoir et de désolation.

Il est aujourd'hui un petit enfant commençant à s'éveiller en apportant d'immenses joies à ses parents, mais aussi en affirmant un caractère bien trempé.

Il ne s'appelle plus Micael, bien sûr, mais dans mon cœur, il demeure ce petit frère qui riait aux éclats quand je faisais le clown pour lui, qui attrapait à pleines mains le beurre et la confiture en essayant de rassasier son ineffable appétit, qui rêvait de médecine et de chirurgie en balayant les bureaux après ses cours à Claude-Bernard, arpentait les plateaux du Vercors, cerné par le brouillard, sa boussole à la main, et qui a finalement gravi d'un pas de géant le flanc des Agneaux, impitoyable massif couvert de glace au pied duquel son âme s'est envolée définitivement par-dessus les brumes de notre Terre.

Bonne vie, mon frère. Sois persévérant. Sois fort. Sois heureux. Pour la seconde fois, nos routes divergent.

Faut-il donc toujours se quitter ou se perdre ?

Je confie ta vie à Notre Père et à la Reine du Ciel. Qu'ils te gardent et te protègent. Je te souhaite le mieux et le meilleur.

* * *

VI – Épilogue

Miséricorde

Angelo et Félicien m'ont accompagné au seuil de mon ultime glissade en direction de l'enveloppe corporelle qui m'attend en bas, sur mon lit de réveil, où je vais tenter de retrouver un peu de vigueur et de santé. J'ai enfilé mon habit de chair - largement mutilé - et, presque instantanément, j'ai ouvert les yeux. À ma grande surprise, Je n'ai pas mal. Je suis étonné et heureux d'être toujours vivant. Ma tension est très basse. Mes forces ont déserté mon corps, et je reste là à attendre en espérant.

Avant cela, nous avons encore échangé nos réciproques impressions : mes interrogations et mes inquiétudes avec leurs conseils et leurs recommandations. Ils tenaient sans doute à me rassurer avant ma confrontation avec une vie que je vais découvrir bien différente de ce que j'avais supposé. Il ne s'agissait pas de m'effrayer, mais plutôt de m'aider à anticiper les suites opératoires qui m'attendent.

J'ai désiré survivre à mon mal. Je l'ai demandé. On me l'a accordé. Comme une grâce destinée à servir mon évolution. Je sais que je devrai subir — et accepter — quelques désagréments...

Toutefois, avant de m'en retourner *chez moi,* il me restait une mission à accomplir.

Depuis mes dernières découvertes, tous deux savaient qu'une préoccupation occupait l'arrière-plan de mes pensées ; un souci dont je n'avais eu ni le temps ni l'opportunité de les entretenir. Il s'agit d'*Evaristo Alessandro*, l'avatar du fils de Micael.

Evaristo

— Que va devenir cet être ? demandé-je à mes deux guides avec inquiétude. Va-t-il subir le sort qui était promis à Klaus s'il n'avait pas été récupéré, à sa mort, par son épouse et son fils ?

Félicien et Angelo se regardent. Le second prend la parole :

— Que penses-tu qu'il puisse advenir ? me demande-t-il.

— Le pire. S'il meurt sans être pris en charge par des êtres susceptibles de l'arracher à sa noirceur, il va sombrer dans les abîmes de la damnation et s'y perdre. Existe-t-il actuellement des entités susceptibles de l'aider à sortir *par le haut* de sa situation actuelle ?

— Les êtres qu'il a aimés se sont tous écartés de lui. Ceux qu'il n'a pas découragés se sont détournés de lui par la peur ou la haine qu'il leur inspirait. Il a fait le vide. Plus personne n'est là pour lui.

— Si. Son père d'autrefois, Micael.

— En effet. Il est le seul à avoir conservé une image positive de cette entité. Mais il a de lui une vision ancienne, périmée. Il ne l'a pas fréquenté au cours de ses deux dernières incarnations. Il ignore l'être transformé qu'il est véritablement devenu. Et puis, il est maintenant aux prises avec d'autres missions.

— Et parmi ses anciens frères d'Australie ? N'y en a-t-il pas encore un susceptible de le reconnaître et de l'aider ?

— Tous ont repris vie dans d'autres contrées. Ils ont tous des préoccupations fort éloignées d'un tel sauvetage. De plus, ils ont évolué dans le sens de la tolérance, du progrès social, de l'égalité des droits, avec des idéaux très éloignés de ceux d'Evaristo. Ils n'ont plus aucune affinité avec cette âme.

Ayant le plus grand mal à me résigner, je réfléchis, refusant de renoncer. Impossible de ne pas trouver une solution.

— Et Dahïa ? Ne pourrait-elle pas jouer ce rôle à la place de Micael ? Il suffirait qu'elle se travestisse afin d'apparaître à Evaristo sous les traits de son ex-père, au moment où il quittera son corps. Elle peut même accélérer le temps et demander à le faire mourir un peu en avance afin d'être présente lors de sa décorporation.

Angelo et Félicien sourient, visiblement amusés par le scénario que je viens naïvement de camper devant eux. J'ajoute avec une once d'impudence :

— Cet homme n'est plus qu'un rebut de l'humanité. Ce ne serait pas une perte pour elle qu'il anticipe quelque peu sa « séparation »...

— Tu n'as pas tort, Géro. Souhaites-tu que nous sollicitions Dahïa ? Tu pourrais même lui soumettre ce projet toi-même ?

J'hésite.

— En ai-je encore le temps ?

— On peut le prendre, si tu te sens d'accomplir cette démarche.

Au moment précis où j'allais répondre que j'étais prêt à relever le challenge, sur notre gauche, en grand équipage, Dahïa surgit suivie de trois autres personnages semblables à elle, c'est-à-dire aussi beaux, aussi nobles de port et de stature, aussi altiers dans leur prestance, entourant la haute carcasse flétrie et cabossée d'Evaristo, manifestement arraché au sommeil de sa vie par une mort décidée à la hâte et exécutée de mains de *Maîtres*, avec les intentions que j'ai exprimées à l'instant même. Mon vœu vient d'être réalisé, simultanément à ma supplique. Félicien et Angelo ne manifestent aucune surprise. De toute évidence, ils savaient.

Je n'ose pas ouvrir la bouche face à Dahïa qui prend place à l'endroit précis où elle a présidé à la terrifiante anamnèse de Klaus, quelques heures plus tôt. Le scénario qui se déroule alors reproduit en tous points celui qui fut exécuté avec l'ancien nazi. Dahïa lève les yeux au-dessus des émanations de la fontaine de Sabaoth. Le ciel s'anime et le puzzle des tragiques méfaits d'Evaristo s'y inscrit sous la forme d'un kaléidoscope infernal.

Hommes, femmes, enfants, filles, garçons, toutes les victimes d'Evaristo apparaissent successivement sur fond d'interrogatoires, de tortures, de passages à tabac, les corps estropiés, sanguinolents, visages tuméfiés, bras entravés, mains ligotées, pantelantes ; tous s'affalent sous les salves répétées des impitoyables sentences de leur bourreau. Une pluie de fer, de feu et de sang crible les chairs au rythme des coups, des révolvers, des mitrailleuses et des fusils. Le ciel flambe sous l'éclat des exécutions. Les crimes d'Evaristo sont listés, illustrés, dévoilés et décrits un à un. Leurs plus horribles détails s'inscrivent dans le périmètre de notre regard. Aucune atrocité n'est dissimulée. Chaque supplicié a le temps de transpercer le regard de son assassin avant de recevoir la balle qui lui fait éclater la nuque ou le front, ou qui vient se loger au milieu de sa poitrine. Sa souffrance s'étale là, immonde et brute.

L'un après l'autre, chaque condamné a tout loisir de contempler la mise en scène de son martyr. Le temps s'est figé. Les séquences se succèdent lentement, étirant les massacres à l'infini. Je chancelle. La répétition des horreurs me donne la nausée. Quand vont-elles prendre fin ? Je finis par fermer mes yeux saturés de larmes, hoquetant à en perdre mon souffle. Le fracas des tirs continue à me perforer l'âme. Partir...

Je trouve une diversion en me projetant mentalement au-dessus de ce ciel inhumain : je prends refuge auprès de Notre Père et de Notre Mère qui règnent sur les Cieux en les priant de nous accorder leur miséricorde. Je laisse ainsi, à l'écart, les événements glisser sur la corde qui les suspend jusqu'à l'extinction du carnage.

En prenant de la distance mentalement, mon esprit entrevoit, au-dessus et au-delà du kaléidoscope diabolique, une foule de silhouettes massées en arrière, en train de contempler les scènes insoutenables. Sont-ils concernés par le spectacle dantesque qui s'y déroule ? En sont-ils les complices ou comptent-ils des proches parmi les souffre-douleur que l'on voit un à un immolés ? À ma grande surprise, je crois apercevoir, fondu parmi la foule de ces curieux immobiles, le visage tourmenté de mon frère Micael, couvert de larmes.

Quand le silence est retombé, Evaristo se trouve seul face à Dahïa, nu, ramené à son état primal. Il a fondu. Son visage est liquéfié, inondé de pleurs et d'éclats mêlés aux nuées ardentes de ses carnages. Dépouillé de sa morgue assassine, Evaristo est redevenu Harry, frêle Australien d'à peine vingt ans, perdu, en France, au flan d'une crête où les corps tombent autour de lui comme la pluie, dans l'étau d'une guerre du bout du monde, couvert de boue sous ses guenilles de poilu coincé comme un rat sous un déluge de plomb et de gaz, fou de sentir sa vie s'enliser dans la fange d'une tuerie absurde, enragé de se voir mourir entre les mors d'acier du monstrueux Guillaume et de son diabolique Kronprinz, furieux de savoir que, demain, sa bouche et ses narines seront remplies de la boue merdeuse de sa propre tranchée. Sa tête en bouillie agite des images insensées, délirantes. Son intérieur est déjà un cadavre démantelé.

Debout face à Dahïa, le soldat de 1917 tremble et pleure comme un enfant. Ses épaules tressautent. Ses bras touchent quasiment le sol sur lequel toutes les ombres se sont évanouies. Un torrent d'émotions dégringole de ce qui reste de sa carapace en train de se purger comme une outre purulente. Il hoquette, expulsant la rage qui l'avait alors envahi et lui a rongé l'intérieur du crâne jusqu'à y laisser pénétrer des ouragans de folie meurtrière. Ses yeux vomissent des tempêtes de peur, de désespoir, d'appels à l'aide, d'accablement, de colère, de haine envers les insensés qui ont voulu ça et envers lui-même... Secoué de spasmes, il n'en peut plus de se vider, son apparence « physique » rétrécissant et s'amenuisant sous le déluge de sa commotion. Ses flots de larmes entraînent dans leurs cataractes les torrents de boue fétide qui ont enkysté son âme dans la haine, la vengeance, le ressentiment et la volonté de rendre au centuple chaque coup reçu. Des flammèches jaunes et rouges jaillissent de lui en perles de lave incandescentes. Le spectacle de cette métamorphose est saisissant.

L'inhumanité de sa cuirasse enfin dissoute, une lueur bleutée, saupoudrée par l'atmosphère transfigurée, se dépose sur la silhouette vitreuse ramenée au seuil originel de sa déchéance.

Sans bouger, Dahïa a laissé s'épancher le passé meurtrier d'Evaristo jusqu'à l'essorage complet de sa pourriture intérieure.

Lorsque l'apaisement s'est fait en lui, elle se lève, s'approche du jeune Harry et pose ses deux mains juste au-dessus de sa tête.

— Tu as ressenti tout ce que tu as subi. Tu as vu l'horreur que tu as accomplie. Tu as rendu les armes que tu avais fourbies. Regarde à présent l'être véritable que tu es, en toute réalité. Prends le temps de te contempler et réconcilie-toi. Avec la Vie, avec les vivants, avec toi-même.

Devenue aussi lisse qu'un miroir, la fontaine de Sabaoth mire à présent la silhouette de Harry, réduite à sa plus simple réalité, nettoyée des scories de ses prédations. Le garçon a l'air de se réveiller d'un songe atroce. Il écarquille les yeux et se regarde, cherchant dans sa mémoire qui fut ce soldat en guenille, ce gamin déboussolé, ce cadavre enseveli puis noyé et asphyxié dans les cloaques de ses propres turpitudes.

Lorsque Dahïa saisit Harry aux épaules, il s'écroule contre sa poitrine et continue à pleurer doucement, non plus au rythme de la pluie de balles qui crépitaient dans l'heure précédente, mais à la cadence souple du cœur d'enfant qui bat à nouveau quelque part, au creux de son être rénové. Son corps n'est plus secoué de spasmes. Il s'endort contre la poitrine maternelle de Dahïa qui l'entraîne en lui parlant doucement.

Tous les êtres présents pleurent avec lui. Est-ce une impression ? Il me semble que ses larmes sèment sous ses pas et derrière lui des éclosions de bleuets et de coquelicots…

*

Angelo et Félicien me font signe de nous retirer. Nous nous retrouvons seuls, à l'écart de tout tumulte, encore sidérés mais comblés, heureux de voir la Vie véritable triompher de l'aliénation et des dépravations.

Ému et enchanté du prodigieux revirement que son fils a produit dans son âme, Micael m'adresse mentalement un flot de gratitude qui vient colorer d'une vague bleue mon coeur et ma conscience.

Si je n'avais pas assisté à la métamorphose, il me serait impossible d'y croire. Je remercie Notre Père et la Reine du Ciel d'avoir favorisé une aussi prompte et puissante transfiguration. Prodige de leur Miséricorde.

— Merci, Angelo. Merci, Félicien, d'avoir concocté avec le Maître une aussi vigoureuse cure rédemptrice. Merci de m'avoir écouté et d'avoir entendu ma prière. De l'avoir même anticipée. Il me semble avoir aperçu mon frère parmi les spectateurs du prodige qui s'est manifesté devant nous...

— C'est exact. Aniel l'avait informé de ce qui se préparait. Le Père a entendu sa requête et y a fait droit. Les Maîtres ont décidé de ne pas attendre davantage et — comme tu l'avais justement pressenti — ont jugé bon d'écourter son attente terrestre. Ils l'ont sorti de la torpeur dans laquelle tout son être s'était engourdi et l'ont conduit ici afin de tenter de purger les accumulations de négativité qui avaient pris possession de lui.

Je me rends compte alors de la puissance fulgurante de l'anamnèse. Moi qui croyais que la purification ne pouvait être qu'un lent phénomène d'infusion mentale, nécessitant un long temps de réflexion et de maturation, je m'aperçois, pour la deuxième fois, qu'il existe des actes de chirurgie spirituelle qui peuvent se révéler aussi efficaces que violents.

— Toutes les âmes ne supporteraient pas si aisément des chocs de la puissance de ceux auxquels nous avons assisté. L'âme de

Harry était pure lorsqu'il a subi les terribles traumatismes de la guerre dans laquelle il fut subitement projeté. Très jeune, il s'y était engagé innocemment, par pur idéalisme. La guerre l'a broyé. Aux coups qu'il a reçus, il a réagi comme un enfant, par esprit de revanche, en se jetant délibérément dans des actes vengeurs totalement improductifs, comme l'était la folie des tranchées. Pour se défaire de la violence, il a tenté de la restituer au lieu de l'analyser, la comprendre, l'accepter, l'assumer et la sublimer en lui substituant l'énergie subtile du pardon.

J'essaie de me représenter l'enchaînement magique que décrit mon bien-aimé guide. *Sublimer et pardonner...* Le prodige de la rédemption ! La *sortie par le haut* de tout malheur, de toute turpitude, de toute chute... Comment réaliser cela ? Quelles ressources faut-il mobiliser pour y parvenir ? Où en trouver la ressource ?

Angelo, qui entend ce que je pense, sourit et me gratifie du regard indulgent du maître envers son naïf élève :

— N'y a-t-il pas en chacun de vous une parcelle de divinité, invisible mais vive, dynamique et créatrice ?

J'ai honte de m'être innocemment laissé aller à des questions auxquelles mon Guide a déjà cent fois répondu.

— Une graine suffit pour que germe la perfection qui l'a conçue. Une infime fraction de temps suffit à la faire s'ouvrir et pousser. La seconde de l'acceptation suivie de la minute du pardon.

Nous rions ensemble de ma confusion, et je n'ai nul besoin de m'excuser auprès de mon maître pour ma naïveté. Je suis déjà absous. Angelo poursuit :

— Un dernier mot. Le miracle que tu as vu, ici, devant nous s'opérer, consiste en la réalisation de deux opérations simultanées : l'ascèse des corps et le *replacement* de la conscience.

Mon visage marque mon incompréhension. Il continue :

— Ses corps ont été infectés et corrompus par les abjections auxquelles les existences successives de Harry ont consenti. Tous les corps : denses et subtils. Ils sont entrés en corruption et en désorganisation. Ils ont rompu leur harmonie. La Vie universelle, en eux, a cessé peu à peu de palpiter et de croître. De ce fait, la conscience de Harry s'est progressivement déplacée du centre de ses corps dans des zones où, cherchant à se mettre à l'abri, elle a perdu sa limpidité, sa vigueur naturelle et sa pureté. Elle a été à son tour pervertie, opacifiée par les dépravations commises. Ainsi, la conscience n'a plus pu jouer son rôle éclairant sur le mental de Harry. S'enfonçant peu à peu dans ses turpitudes, il en est devenu le jouet. Mais le choc de son anamnèse a réveillé sa conscience et l'a *replacée* au centre, au premier plan. Elle a été ainsi forcée de contempler les atrocités auxquelles l'âme de Harry a cédé dans ses parcours ultérieurs. L'anamnèse l'a remise à sa juste place et ses ressources – sa lucidité ainsi que ses aptitudes au discernement moral – ont rendu possible l'éclatement de la gangue dans laquelle ses corps noircis l'avaient emprisonnée. Les chocs sont parfois – voire souvent – nécessaires pour briser les chaînes — les kystes — de la violence.

Je n'ose pas comprendre. Pourtant le message, même s'il me surprend, est clair : *les chocs* sont nos maux. Nos maux *sont parfois – et même souvent – nécessaires pour rompre les chaînes de la violence : nos chaînes...*

Angelo lit en moi cette concise récapitulation. Il sourit, puis décide de clore ici le chapitre de son enseignement qu'il achève en me disant :

— Nous reparlerons de tout cela. Pour l'heure, sois en paix. Micael te remercie infiniment pour la part que tu as prise à la transfiguration salvatrice de son fils bien-aimé. Il nous demande de te transmettre la profonde affection qu'il te porte. Il prie le Père de te bénir. Tu restes dans son cœur une des perles que la Vie lui a permis de découvrir. Sois sans crainte, l'oubli ne vous séparera jamais. Jamais.

À mon tour, les larmes envahissent mon visage. Mon cher Micael... Je demande une nouvelle fois à notre Père de lui dédier le trésor de cette vie sauvegardée, qu'il a tant désiré arracher à la déchéance.

Toute vie n'est-elle pas un défi à relever ?

***

AFTER

Clash

Juillet 2012. Un peu plus d'un mois s'est écoulé depuis la lourde intervention chirurgicale dont l'anesthésie m'a propulsé hors de moi-même.

Je tente de récupérer l'énergie que mon corps a perdue dans cette épreuve. Activité ralentie. Courtes promenades entrecoupées de modestes tâches domestiques.

Etrange nuit...

Un événement totalement inattendu vient heurter de plein fouet ma lente convalescence.

Lundi après-midi, au lever de ma sieste, une vive douleur me cisaille le dos au-dessus du rein gauche. Une position inadéquate pendant mon sommeil en est-elle la cause ? Intrigué, je reste sur mes gardes en m'efforçant plus ou moins bien d'oublier ce mal inopiné qui s'estompe progressivement.

Dans le courant de l'après-midi, chaque inspiration soulève un point douloureux à la base de mes poumons. Le soir, au coucher, une morsure très violente me vrille brusquement la base du dos, toujours aux environs du rein. Brusquement en alerte, je me lève aussitôt. Esquissant quelques mouvements de la colonne vertébrale, je marche quelques pas : la douleur s'apaise. Je me recouche mais, aussi brutalement, un nouveau coup de poignard me pourfend encore une fois le dos. Il irradie tout mon côté gauche et remonte le long de ma colonne vertébrale jusqu'à la base de mon cou, s'enroulant autour de mon oreille.

D'où peut bien provenir un tel mal, si soudain ? Que me veut-il ? Quel est son degré de gravité ? Dois-je consulter ? A une heure si tardive, seules les urgences hospitalières peuvent me prendre en charge. L'idée me révulse. Pour avoir, à plusieurs reprises, goûté aux urgences nocturnes, je me dis que, pour ce soir, je fais le choix de demeurer dans mon lit, quitte à y mourir.

Je me recouche, cherche une position supportable pour dormir et épie les signaux que m'envoie mon dos en tentant de jauger autant leur intensité que leur éventuelle sévérité. Contre toute attente, la douleur se calme. Et je m'endors.

Etonnamment, je passe la nuit entière sans être réveillé. Aucun regain de souffrance. Aucun retour de ce dard qui a empoisonné une grande partie de ma journée.

Contre toute attente, ma nuit se déroule dans le plus grand calme. Je dors à poings fermés. D'un sommeil lourd et profond. La nuit entière se passe sans que je m'éveille une seule fois – ce qui ne m'arrive plus jamais, depuis plusieurs décennies. Avec du recul, je m'aperçois qu'à aucun moment je n'ai eu le sentiment de m'être réveillé ni d'avoir rêvé. Au matin, à ma grande surprise, le mal qui m'avait tourmenté si violemment la veille au soir a totalement disparu. Rémission complète !

Invraisemblance absolue : un tel état de fraîcheur - et même de bien-être - me paraît alors totalement impossible ; irréel.

Tout en me disant que les symptômes de la veille au soir étaient finalement bénins, je décide de passer la journée qui se présente en restant sur mes gardes, attentif à la réapparition éventuelle de ce syndrome inattendu autant qu'angoissant.

Or, précisément, l'après-midi de ce mardi me réserve une série de tâches à la fois imprévues et particulièrement pénibles pour un convalescent tentant à grand peine de se remettre sur pied : je dois reconstituer les trousseaux de clefs de trois appartements situés dans le centre et au nord de la ville caramélisée sous la fournaise de l'été. Il me faudra trouver sur place un serrurier pour faire réaliser des doubles de clefs que je porterai ensuite à l'agence chargée de faire visiter ces appartements. Tout cela à une dizaine de kilomètres de mon domicile.

A 14 heures, je me rends à L., dans le septième arrondissement, pour vérifier le trousseau de clefs d'un premier appartement : arpenter les deux étages, essayer une à une les clefs de mes différents trousseaux, les repérer chercher dans le quartier, le long de l'avenue Berthelot, le serrurier qui me fera des doubles ; attendre les clefs puis traverser la ville du sud au nord pour me rendre à C., réitérer la même opération dans deux autres appartements sis au bord de la Saône, quai Clémenceau. A nouveau, il me faut parcourir les rues du plateau en quête d'un autre serrurier que je finis par dénicher dans la galerie marchande d'un supermarché. Enfin je me mets en route vers l'agence immobilière située dans le 6ème arrondissement.

La chaleur est à crue. A petites gorgées, je vide régulièrement la bouteille d'eau emportée dans ma voiture. La climatisation souffreteuse de mon véhicule m'offre une aide précaire pour lutter contre l'écrasement du soleil. Mon périple dure près de quatre heures. Finalement, ma corvée achevée, je reprends le chemin de mon domicile, heureux d'avoir réussi à accomplir sans faillir la totalité de ma tâche. Satisfait mais exténué.

Le plus pénible de cette escapade a été l'ascension des escaliers. Etage après étage, à pas comptés, avec la lenteur mesurée du montagnard, mon souffle se raccourcit à chaque pas. J'épie toutes défaillances respiratoires, lesquelles me font la courtoisie de m'éviter soigneusement durant tout l'après midi.

Passant d'un quartier et d'un immeuble à l'autre, mon esprit se laisse happer par le souvenir des trois ans de *bagne* passés à rénover tous ces appartements, accomplissant des dizaines, des centaines de fois ces mêmes trajets pour me rendre sur mes chantiers, approvisionner les matériaux et l'outillage, trouver un stationnement au plus près de l'immeuble et me mettre à la tâche, poser les plaques de doublage, monter des rails de placostyle, enduire, remplacer les huisseries - portes et fenêtres - installer les fourreaux électriques, mettre en place chauffe-eau, toilettes, lavabos, kitchenettes, carrelages, faïences, après avoir ragréé les sols, posé les parquets. Puis poncer, peindre, nettoyer, descendre les gravats dans des sacs, étage après étage, souvent quatre et même cinq. Ces images me reviennent sous la forme de lambeaux d'une époque pas si lointaine mais tellement lourde, plombée du fardeau d'avoir payé mon tribu à la fourberie des hommes mais aiguillonnée par ma volonté d'accomplir, pour mon propre compte, cette fois, l'œuvre patrimoniale salvatrice qui me faisait reconquérir indépendance matérielle, dignité et amour propre.

Ces sentiments se disputaient en moi, se contrariaient et se heurtaient comme efforts et douleurs stimulent en mettant au supplice, le mineur, le cycliste ou le marathonien.

Ce mardi après-midi, j'ai revécu par bribes, par séquences décousues, lointaines mais bien vivantes, les émotions de ce temps-là, frôlant à courte distance l'enfer qu'elles m'avaient alors fait côtoyer. La douleur sournoise de mon flanc gauche — qui se réveilla quelques fois par touches d'essoufflement —, résonnait alors en moi comme l'écho lointain et lancinant de cette aventure infernale.

Je regagne donc ma demeure autour de 18 heures, fatigué mais entier. Miraculeusement ! La suite va m'en convaincre.

Un peu plus tard, Marie-Pierre, ma sœur, me téléphone, comme presque chaque soir. Nous devisons quelques instants et je lui relate incidemment ma douleur dorsale après lui avoir dit que j'irai faire ma promenade journalière lorsque la grosse chaleur sera tombée, aux alentours de 20 heures.

Elle me conseille alors de différer la promenade et d'appeler plutôt un médecin, ce point douloureux dans le dos éveillant quelques soupçons dans son esprit d'ex-infirmière en cardiologie.

Me rendant à son conseil, j'appelle le médecin de garde de la clinique. Ce dernier m'écoute lui décrire mes symptômes puis, d'un seul trait, me dit :

— Allez aux urgences du CHU ou de la clinique S.

— Dois-je appeler avant ?

— Non. Vous vous y rendez tout de suite ! N'attendez pas.

Le ton est ferme. Sans hésitation.

J'avale machinalement deux bouchées du dîner qui m'attend et mon épouse, un peu désemparée par ma brusque décision, me conduit à l'hôpital L. Sud.

La salle d'attente est clairsemée, ce qui me rassure provisoirement.

Après les formalités d'admission, une infirmière me fait passer dans la cabine réservée à l'accueil des patients. Installé sur l'inévitable charriot appelé à devenir dès lors mon unique moyen de locomotion, vêtu de l'inénarrable chasuble hospitalière, on me fait immédiatement un électrocardiogramme dont on porte le résultat au médecin pendant que mon chariot est poussé dans la salle commune des patients. On m'installe en file d'attente. Une petite quinzaine de malades souffrent les uns en silence, d'autres en grimaçant...

Mon attente commence...

A la périphérie de cette *salle des lits perdus*, des box d'examen aux portes coulissantes. Médecins, infirmières, étudiants, internes vont et viennent.

Juste en face de mon charriot, une petite pièce étroite est impraticable : le sol est recouvert d'une marre. Normalement affectée à l'examen de malades, on y stocke également du matériel médical consommable : gants, pansements, compresses... Chaque fois qu'un médecin ou une infirmière tente d'y pénétrer, il ou elle recule sur la pointe des pieds en formulant toujours la même phrase « *Mais c'est trempé ici ?* » Avant de battre en retraite.

Un peu plus tard, une femme de ménage arrive en poussant son charriot. Elle entreprend le nettoyage des WC, à ma gauche. Je me dis qu'elle va venir éponger le sol inondé de la petite salle d'examen... Cela ne semble pas inscrit à son programme... Elle fait consciencieusement le toilettage des WC, sans se presser, son charriot posé au beau milieu du couloir conduisant aux étages – couloir que j'emprunterai dans quelques heures pour aller passer une radio pulmonaire puis un scanner.

Allongé, n'ayant rien d'autre à faire qu'attendre, ne réussissant pas à m'endormir, j'observe le monde qui va son train :

Les internes roulent les charriots, l'un après l'autre, dans les salles d'examen, suivis par les médecins. Chaque consultation dure environ une demi-heure, parfois un peu plus. On accomplit le job consciencieusement. Quand la porte de la salle s'ouvre, le patient est remisé dans une autre partie du hall dans l'attente des résultats et du diagnostic final. Ensuite, une bonne moitié des patients part à gauche, vers les étages, pour être hospitalisé. Les autres se rhabillent et se dirigent vers la sortie, à droite, munis de conseils de soins ou de consultation avec une ordonnance.

Coté WC, le ménage se poursuit, laborieux mais tranquille, dans un autre univers que celui de la santé. Il dure. On sent que rien ne presse. La nuit ne fait que commencer.

Un jeune homme arrive subitement sur un charriot, entouré de médecins du SAMU. Transporté en hélicoptère. Accident de la circulation, sur une route des Monts du Lyonnais. Une demi-heure plus tard, une jeune femme est amenée par une ambulance. C'est la passagère de la voiture accidentée. Sa famille la suit avec le *privilège* de pouvoir pénétrer dans la salle normalement réservée strictement aux personnels soignants et aux malades. Le garçon est conscient mais sa colonne vertébrale a été touchée. On l'a immobilisé en attendant le verdict du radiologue. Tout le personnel médical s'agite autour du blessé. Finalement, on apprend qu'il n'a pas d'atteinte vitale. Soulagement…

Je suis là depuis près de 3 heures. On a fermé la porte de la petite salle d'examen face à moi. Le train des charriots entre puis sort des différents box à intervalles réguliers… Egalement à intervalles réguliers, une voix de femme émet des plaintes en provenance d'une salle lointaine, sur ma gauche.

Un jeune étudiant médecin s'approche de mon brancard mobile, me demande mon nom puis me *roule* dans la petite salle d'examen, juste en face, l'inondation ayant enfin été jugulée.

Il commence l'examen par l'interrogatoire de rigueur :

- *Quand ça a commencé ? A quel endroit ? Vos antécédents médicaux ? etc.*

Il m'examine, me palpe le dos, la base du poumon, ausculte mon rythme cardiaque, note consciencieusement mes réponses et ses observations sur l'ordinateur... Cela dure une demi-heure.

Arrive le médecin urgentiste. Il parcourt rapidement les notes de son jeune collègue puis reprend tout à zéro. Questionnaire, examen du dos, palpation, écoute des poumons et du cœur. Un léger crépitement, à la base du poumon gauche, l'intrigue : soupçon d'embolie pulmonaire. Léger soupçon car ma respiration est quasiment normale, mon rythme cardiaque à peine élevé, ma tension artérielle également...

Le médecin réfléchit en opinant. Il redoute la phlébite, la thrombose et l'embolie...

— On peut vous laisser passer la nuit sur un charriot ici et à huit heures je vous envoie au doppler, pense-t-il à voix haute.

Car le doppler ne fonctionne pas la nuit. Il réfléchit encore, très hésitant. Les symptômes ne sont pas nets…

Finalement, il demande à l'étudiant de me prélever du sang dans une artère du bras afin de vérifier les *gaz du sang*. Il semble que ce soit un des signes caractéristiques de l'embolie pulmonaire. Mais mon système veineux fait de la résistance. Le sang forme une tache bleue sous la peau puis déborde, s'épanchant sur le drap. L'infirmière arrive et constate la boucherie. Plus expérimentée, elle prend la relève du pauvre étudiant et réussit à trouver une veine moins rétive sur mon bras gauche. Le prélèvement est fait. Péremptoirement, le médecin-urgentiste — dont le diagnostic semble fait — me précise que, désormais, je ne dois plus me lever. Interdiction de poser un pied au sol.

— Les jambes horizontales, insiste-t-il, pas verticales !

Puis il m'annonce que je vais passer une radio pulmonaire et donne les ordres en ce sens à l'infirmière qui aussitôt roule mon charriot en direction des ascenseurs. Là, j'attends. Un *certain temps*. Le temps nécessaire au fut du canon pour se refroidir... C'est, bizarrement, ce que je pense à ce moment-là.

Une petite demi-heure plus tard, nous descendons chez le radiologue. J'attends encore. Un peu moins longtemps.

Le radiologue arrive enfin et me demande de descendre du charriot pour me présenter devant l'appareil à rayons X.

Surpris, je lui fais part de la consigne du médecin urgentiste. Il me réplique que ce n'est pas ce qui est noté sur son papier : *Radiographie debout.*

J'essaye d'insister mais comment avoir le dernier mot face à la toute-puissance médicale ?

J'hésite entre me cantonner dans un refus inflexible de quitter mon charriot et obtempérer avec le risque de m'écrouler sous l'effet d'une thrombose massive. Après réflexion, je me dis que si mon heure est arrivée de quitter cette vie, il me sera difficile d'y échapper. Alors, nous verrons bien ; je me lève et file me poster devant l'écran.

Je ne meurs pas.

Une fois les radios effectuées, je reprends place sur mon charriot, l'infirmière revient me chercher et j'attends. Un nouveau *certain temps...*

Retour dans le hall des urgences ; on attend le résultat des analyses de sang. La voix de femme, dans le fond, réclame de l'aide. Avec insistance. Ses appels sont de plus en plus rapprochés. J'imagine sa souffrance.

Près d'une heure plus tard, le médecin-urgentiste vient lui-même me dire que la radio pulmonaire montre une zone qu'il qualifie d'un terme que je n'ai pas retenu ; avec les analyses de sang, le diagnostic d'embolie pulmonaire est de plus en plus probable. Troublé par la non-concordance des résultats sanguins avec les signes physiologiques, le médecin demande une confirmation par le scanner.

La voix de femme appelle maintenant au secours. Son angoisse est palpable. Une infirmière va aux nouvelles. Le médecin lui donne des consignes que l'on n'entend pas.

Il est près de 3 heures du matin.

Toujours allongé sur mon charriot, véhiculé par la même infirmière — qui ne me quitte plus — je reprends l'ascenseur vers le sous-sol et le même radiologue m'accueille à nouveau, cette fois pour le scanner.

Le cathéter fiché dans mon avant-bras droit n'est pas hermétique. Il fuit. Le radiologue cherche une autre veine accessible dans mon bras gauche, mais ce n'est pas mon soir de *veine*... Tension très basse, mon système vasculaire est à plat. Il pique plusieurs fois pour parvenir à *accrocher* un vaisseau et finalement m'injecte l'eau distillée chargée de tester la « canalisation »... Ca coule. On peut donc instiller le produit *chauffant,* de couleur jaune, destiné à rendre visibles certaines cellules ainsi que les anomalies recherchées.

Violente douleur

Au moment précis où je m'allonge sur la table mobile du scanner, le coup de poignard endormi dans mon flanc gauche depuis hier se réveille brutalement : une lame de feu déchire la base de ma cage thoracique, sur toute la largeur de mon dos. La même brûlure que lundi soir, mais avec une intensité décuplée, comme si les chairs entraient en fusion et qu'un liquide brûlant s'y répandait. Dès ce moment, toute supposition s'efface de mon esprit : l'embolie est bien là, installée et en train d'accomplir son œuvre.

J'ignore comment opère physiologiquement un tel phénomène, mais j'éprouve clairement la sensation de me vider de mon sang à l'intérieur.

La boucle de ma vie est-elle en train de se nouer ?

Le syndrome douloureux de la veille au soir est donc de retour, en force. S'il a décidé d'avoir ma peau, je vais devoir la lui livrer, sans recours possible...

Ainsi ma fin est peut-être toute proche. Suis-je en train de vivre mes derniers instants ? Je n'ose le croire mais la douleur me cloue et me pourfend, atroce, insupportable.

Je m'en ouvre au radiologue. Il compatit mais me demande de me contrôler, coûte que coûte. C'est indispensable pour la fiabilité de l'examen.

Derrière la vitre où il opère, sa voix insiste : *il ne faut pas bouger !*

Je ne *peux* plus que penser, le moins possible, et prier.

Je prie. Sans désespoir, sans résignation, mais parce que ma prière m'unit à moi-même, à mon *moi profond,* au *Dieu* qui réside en moi, à *l'Esprit* qui me gouverne. Parce que je sais que cette *unité* est mon meilleur refuge, ce qui peut m'arriver de mieux quoique devienne ma vie.

Ma prière semble projeter de la lumière et la paix dans ma conscience. Me rendre ultra vivant. Me maintenir en éveil si mon corps décide maintenant, cette nuit, de boucler mes valises... Et comme la menace guette, me flaire et rode autour de moi, je préfère lui opposer la vie à l'état le plus pur que je connaisse.

Ainsi, je prie. Je prie alors que le temps s'immobilise. J'insère ma prière au cœur de ma souffrance, en conjurant ma solitude, mon inactivité, mon attente. Je ne suis pas désespéré. J'ai mal, seulement mal. Atrocement. Avec en plus la conscience aigüe de la précarité de ma situation.

Le radiologue m'infuse le liquide jaune. Il s'écoule de sa seringue énorme dans ma veine et se diffuse ; ça me chauffe. Je connais déjà ces sensations : c'est mon troisième scanner au cours des six derniers mois. Il faut attendre dix minutes que le liquide se fixe sur les cellules, dans les organes. Dix minutes. L'éternité quand chaque seconde est un supplice. Six cent secondes... Je le dis au radiologue.

Il me répond que l'on ne peut pas faire autrement que « *allongé et immobile* ». J'y consens, le dos haché menu par les mâchoires d'une meute enragée. Comment supporter cela ? Je *sais* qu'il faut tenir, ne pas bouger, attendre, laisser passer. Je n'ai pas le choix. Je respire profondément. Lentement. Résigné. Mes tissus un à un arrachés comme les ongles d'une main que l'on déchiquète. Je suis abruti de lacérations.

Suspendu à l'extrémité d'un fil prêt à rompre à chaque instant, je ne cède pas à la panique. Pourquoi ? Je l'ignore. Moi habituellement si sensible au stress. Si faible face au danger, — réel ou imaginaire — moi qui redoute plus que tout d'affronter la dure réalité en face, je devrais bondir hors de moi-même, me tordre les mains et hurler de peur. Non. Au bord d'un gouffre que je contemple les yeux écarquillés, je ne perds pas pied. J'avoue que je ne me laisse pas le loisir de réfléchir. Je subis une noyade et tente de tenir la tête hors de l'eau en priant, cramponné au *Dieu* que je me représente là, présent, tout près, au cœur de ma conscience.

En réalité, je ne me sens pas seul. J'éprouve un sentiment de douce plénitude. Une impalpable quiétude sommeille juste sous la surface de mon esprit. Une présence. Une impression de sécurité occupe mon âme.

Je pense à mes parents : ils ne sont pas loin. Ils m'aident. Et ils ne sont vraisemblablement pas seuls, là, auprès de moi. Peut-être assistés par mes anges *soigneurs* qui — le sais-je ? — me maintiennent en vie et sans doute m'imposent cette déchirure interne pour écarter mon mal. C'est ma seule source d'espoir.

J'ignore si la présence positive que je ressens dans la confiance est là pour me guérir ou pour m'aider à mourir, mais je sens qu'elle est de mon côté, qu'elle travaille pour moi et, au tréfonds de ma conscience, je me sens paisible. *Avec Toi, il ne peut rien m'arriver.* Ce n'est pas ce que je pense mais, cette phrase, je la ressens.

Enfin le volant du scanner se met en route. Le charriot mobile avance sous sa *couronne*.

— Ne respirez plus !

Le charriot mobile recule lentement.

— Respirez normalement...

Une première fois ; puis une seconde. Je ne compte pas le nombre des apnées qui me sont demandées. L'atroce douleur s'accentue à chaque vibration de la machine. Ce sont mes derniers souffles... Je mourrai coupé en deux si ça ne s'arrête pas. Et peut-être également si ça s'arrête d'ailleurs.

Je crois que, durant tout ce temps encore, je m'unis. Je palpe l'énergie vitale de l'univers. Je l'aspire en moi. Oui, c'est à ce souffle que je dois de continuer...

Le radiologue annonce la fin de l'examen. Il m'aide à me glisser de la couchette du scanner sur mon charriot. Je tremble de tous mes membres, étonné d'être encore en vie. Mon corps est tellement secoué que le chariot bouge sous moi. L'infirmière entre pour me ramener au rez-de-chaussée. Me voyant agité de tels soubresauts, elle prend peur :

— Mais qu'avez-vous ?

En claquant des dents, je lui dis que j'ai eu affreusement mal sur le charriot du scanner ; ça m'a déclenché cette réaction.

— Détendez-vous. Je vais le dire au médecin…

Elle me dépose et s'engouffre dans la salle des urgentistes.

Elle revient aussitôt avec le tensiomètre : ma tension est normale : 10 - 6. Basse mais normale. La douleur s'estompe.

J'adresse un message à Jannie, lui disant qu'il faudrait *peut-être* qu'elle vienne. Je ne veux pas l'affoler mais j'ai compris que je ne rentrerai pas à la maison ce soir. De toutes façons, sa présence est nécessaire soit parce qu'on me garde à l'hôpital, soit — dans le meilleur des cas — pour me ramener à la maison.

Dans la *salle des lits perdus*, l'assistance s'est clairsemée. Il reste moins de dix patients. Il est près de 4 heures du matin.

La voix en provenance du box du fond, à gauche, s'est brusquement tue. L'infirmière qui en est sortie, bouleversée, s'est précipitée dans le bureau du médecin-chef du service qui a surgi aussitôt, la blouse largement ouverte et a traversé la salle commune au pas de charge.

Je redoute le pire pour cette pauvre malade qui a cessé de crier des : « *Je vais mourir* » qui faisaient bizarrement sourire certains membres de l'équipe – comme si une telle plainte traduisait l'exagération d'une personne cherchant à attirer l'attention sur elle. J'éprouve une subite tristesse pour cette pauvre femme partie à nos côtés sans avoir pu recevoir le secours qu'elle attendait, au sein d'un hôpital… Peut-être ne pouvait-on rien pour elle, me dis-je en guise de consolation.

On tire mon charriot entre deux autres, ridelles touchantes. Intimité et confidentialité garanties !

Jannie

Une petite demi-heure plus tard, Jannie arrive. C'est l'heure où on laisse entrer les proches des derniers patients de la nuit, généralement les plus gravement atteints. Elle me trouve en sandwich entre deux autres malades qui, comme moi, attendent leur *verdict* final.

Le médecin revient. Après avoir décalé les charriots pour qu'on puisse parler entre soi, il nous livre son diagnostic :

— C'est bien une embolie pulmonaire, bilatérale de surcroît. Le scanner ne laisse aucun doute sur le diagnostic.

L'incertitude a fini par s'évaporer tout-à-fait. Le médecin ajoute :

— Il me reste une chambre pour vous au premier étage réservé aux urgences. On va vous hospitaliser ici pour la nuit — ce qu'il en reste — et demain on vous transfèrera là où on trouvera de la place. Vous avez été opéré à la clinique C… ? On vous y enverra, s'ils ont un lit pour vous.

En attendant, vous ne vous levez plus pendant au moins 48 heures. Les jambes à l'horizontal ! C'est impératif. J'ai déjà perdu un patient à cause de ça.

Puis, en dépit de l'heure plus que tardive - près de 4 heures 30 du matin - le médecin répond patiemment à mes questions sur le traitement, sa durée, ses chances de succès point sur lequel il nous rassure tout-à-fait, Jannie très attentive à ses paroles, et moi qui n'espère plus qu'une chose : connaître le *pronostic*.

Le traitement : injections d'anticoagulant matin et soir à haute dose.

D'ailleurs, l'infirmière se présente déjà avec une seringue à la main et me fait immédiatement, sur le charriot, la première de ces injections en haut de la cuisse.

Pronostic : guérison à condition de rester allongé. Avec les anticoagulants, le pronostic est assurément positif, selon le médecin qui semble très sûr de lui.

Puis c'est le départ pour le premier étage où ma chambre est déjà retenue et où le médecin de garde m'attend. Jannie accompagne le lit roulant tracté par l'infirmière.

Nous prenons l'ascenseur, cette fois pour monter. Jannie porte mes objets personnels et mes vêtements. Nous sommes accueillis par l'infirmière de nuit qui m'installe dans une petite chambre très propre, en apparence toute neuve, où je suis seul. Enfin ! Jannie installe mes *affaires* pour la nuit car je ne peux évidemment pas me lever. Il me faut donc avoir tout à portée de mains. Tout ? Je n'ai besoin que de boire et d'uriner. Et dormir.

L'infirmière me pose immédiatement une perfusion — ce qui m'oblige à garder le bras allongé pendant le sommeil car l'aiguille pénètre dans ma veine juste au pli du bras gauche. J'ai déjà eu ça à la clinique. Je connais : si on plie le bras, le liquide ne coule pas et la perfusion reste dans la sachet.

Jannie a fait tout ce qu'il fallait pour que je termine ma nuit dans les meilleures conditions possibles ; elle attend un moment le médecin qui, normalement, doit passer. Mais ce dernier tarde. Je lui dis de partir, car elle est plus fatiguée que moi. Elle se résout à rentrer chez nous pour enfin aller un peu dormir.

Ambroise

Il est 5 heures du matin. Le médecin finit par arriver. Il est jeune. Je le salue en l'appelant par son prénom : *Ambroise*. Il sursaute, plus que surpris ! Je lui dis que c'est une blague de son collègue urgentiste qui m'a dit de lui passer un petit bonjour. Nous en rions ensemble. Puis il me donne les consignes d'usage, reprenant à peu près ce que j'ai entendu de la bouche de son collègue, plus quelques informations sur le programme du lendemain. Je retiens surtout que j'aurai droit à un petit-déjeuner et qu'on me cherchera un point de chute pour la suite de mon traitement.

Il part. Je lui demande de fermer la porte qui s'ouvre et demeure béante si elle n'est pas verrouillée.

Enfin seul, je m'endors...

...Pas pour longtemps. A sept heures, un vacarme de métro déversant des cohortes de passagers sur son quai, m'extirpe de mon sommeil : l'équipe de jour arrive en croisant l'équipe de nuit. L'installation des forains sur le marché fait moins de bruit. On s'interpelle à grands cris, on s'embrasse, on se congratule, on commente sa dernière tenue, ses nouvelles boucles d'oreilles. On se complimente : les chaussures, la coiffure, le temps qu'il fait, les résultats du foot... Les charriots se mêlent aux clameurs. Les portes de l'ascenseur aussi. Et le tapage ne finit pas.

Ma nuit, elle, est terminée. Elle venait juste de débuter !

Petit matin joyeux

La matinée qui débute ainsi en fanfare va être riche d'un unique mais exceptionnel événement.

Dans la logique de l'agitation qui secoue le service depuis les sept heures sonnées, j'ai droit aux visites habituelles de l'infirmière pour la perfusion, des aides soignants pour le *p'tit dèj'* suivi de la toilette — ou dans l'ordre inverse.

Pour la toilette, on pose devant moi, sur ma tablette à roulettes, une bassine bleue en plastic avec un peu d'eau tiède et un gant plié sur son bord. Rustique mais je n'ai pas le droit de me lever. Je réussis quand même à me nettoyer un peu, me laver les dents et me raser avant de me changer - tout cela allongé, *sans laisser pendre les jambes du lit* ; pas très aisé mais suffisant.

Durant tout ce temps, la porte de ma chambre reste en permanence largement ouverte — souffrant d'un défaut qui la fait pencher vers l'intérieur et donc la maintient automatiquement ouverte si on oublie de la crocheter.

Or, ma chambre est au beau milieu du service, en face du secrétariat, à côté du local des infirmières, si bien que je suis aux premières loges du plus ravissant petit théâtre hospitalier. La secrétaire, sitôt arrivée, ne lâche pas le téléphone, sa mission consistant à trouver des chambres d'accueil dans les établissements de la région à tous les patients entrés en urgence durant la nuit, une bonne douzaine selon mon estimation.

Elle y va de bon cœur et dès qu'un patient est casé, la surveillante générale s'occupe de l'intendance, du transport et de l'information des tiers familiaux.

Ainsi, une infirmière vient m'annoncer en milieu de matinée qu'aucun lit n'étant disponible à la clinique C., un point de chute m'a été trouvé à la clinique M. située à L., établissement où j'ai subi, un an et demi auparavant, une intervention de la cataracte.

Je ne commente pas, n'en ayant ni l'envie ni les moyens. Essayez de discuter une telle décision ! Dans la position où je me trouve, je ne m'en sens ni la force ni même le désir.

Prêt à tout subir, l'essentiel étant d'être soigné, si possible bien, je n'aspire qu'à rentrer chez moi au plus tôt, sur mes deux jambes.

Le couloir grouille toujours.

Une voie d'homme me parvient en provenance de ce couloir, assez proche de ma chambre pour que je puisse en suivre presque entièrement la conversation, bien que celle-ci ne m'intéresse nullement. Il discute avec une femme semblant appartenir au service, infirmière ou interne. Ils semblent évoquer l'état de certains patients, leur situation personnelle, leurs maux et leurs souffrances plus que leur maladie ou leur traitement. Il s'agit probablement du membre d'une famille évoquant un proche parent hospitalisé. Mais, la conversation ne me concernant pas, je n'ai nulle envie de la suivre et ne l'entends que par bribes, sans l'écouter. Oserais-je dire que je ne me sens nullement concerné par les ennuis des autres ? Investi à gérer les miens, égoïstement, ma situation personnelle me voit relativement indifférent au sort de mes semblables — non que je ne compatisse à leurs peines, mais j'éprouve, en guise de compassion, je le confesse, un réel repli sur moi.

Ainsi la conversation dure un temps qui s'éternise beaucoup trop à mon goût.

Mon téléphone sonne. Jannie prend de mes nouvelles. Elle se doute bien que mon état de santé suit son cours et son inquiétude de la veille s'est atténuée depuis que le diagnostic a été clairement posé et le traitement mis en place.

Lorsque je lui dis que je déménage dès l'après-midi à la clinique M., c'est son tour de m'annoncer que cela a changé : on l'a prévenue que, finalement, un lit a été trouvé à C., grâce à l'initiative du docteur P., mon chirurgien qui, informé de mon accident circulatoire, a insisté pour que l'on me trouve un lit coûte que coûte.

Cette nouvelle remet mon moral dans le sens de la marche. La perspective de revenir à C. me rassure. Je vais retrouver un milieu connu, devenu presque familier, où je me sentirai en confiance.

On va m'hospitaliser en service de cardiologie, puisque *cardiaque* est désormais ma pathologie. Je pars à 14 heures en ambulance. Jannie viendra ici vérifier que mes effets personnels suivent bien avec l'ambulance, et elle fera la route en voiture pour me retrouver ensuite à mon entrée à la clinique.

En cette mi-juillet, la chaleur elle aussi est bien installée. L'hôpital est heureusement climatisé mais, à l'extérieur, l'atmosphère calcine tout sous une chape brûlante.

Je raccroche le téléphone et commence à attendre patiemment que la matinée s'écoule.

Las, je ne sais plus où je vais. La terrible maladie qui m'a conduit à cette importante résection le 5 juin dernier est-elle en train de se venger de sa rémission ?

Les suites de l'intervention vont-elles parachever ma destruction entamée puis interrompue ? Je lutte depuis plus d'un mois pour tenter de retrouver mes forces, ma vigueur, ce nécessaire de santé pour continuer à vivre. Vais-je repartir en arrière ? Je n'en ai pas le sentiment. J'éprouve au contraire, depuis le début de cette folle aventure, l'impression d'une marche en avant. Mais vers où ?

C'est toute la question.

Mon état d'esprit a changé : je ne me demande plus *si* je vais mourir, mais *quand*. Cette pensée n'est pas un tour d'esprit mais la certitude à laquelle j'ai accepté de m'adosser pour voir venir les événements et, si possible, les préparer.

Je sais désormais qu'un certain compte à rebours est enclenché. Pas nécessairement activé par la tumeur dont le docteur P. vient de me débarrasser. Non. La mort peut parfaitement ne pas venir de ce mal qui pourrait finalement ne pas se montrer fatal. Les moyens semblent exister pour qu'il en soit ainsi. J'y recourrai autant que la médecine le permettra. Je leur ajouterai mes ressources personnelles, mentales et spirituelles, qui ne sont que ce qu'elles sont mais que je ne laisserai pas inusitées. Je ne me battrai pas, non ; j'avancerai, quelles que soient les conditions de mon sort.

Ainsi, au fil de l'évolution de mon mal, j'ai peu-à-peu changé de cap. Plutôt que de faire l'autruche en repoussant vers des horizons illusoires l'échéance inévitable de ma vie présente, je préfère, à présent, garder les yeux grands ouverts sur mon destin et le vivre tel qu'il se présente — ou se présentera.

Mais ne croyez pas que j'aie la moindre envie de mourir. Au contraire ! Je lutte de toutes mes forces pour me propulser vers la vie et refuse absolument de baisser les bras face aux menaces qui pèsent sur ma santé et ma survie. Je me sens encore utile à ma famille, à mes proches, à Jannie et à mes enfants ainsi qu'à nos petites filles. Je sens que mon absence leur causerait du chagrin, un manque réel et sans doute beaucoup d'embarras. C'est un luxe que je ne veux pas me permettre. Même si mon temps semble passé, je désire égoïstement profiter encore de ce que pourra m'offrir notre bonne Terre, le plus agréablement possible.

Donc, et pour finir, je suis, à ce moment, un peu dans le brouillard mais toujours fermement tourné vers l'avant. Je ne lâche pas. Quoi qu'il puisse m'arriver, ce sera encore et toujours ma vie qui continuera. Fut-ce à travers l'épreuve de la « séparation » — idée que je rejette autant que possible loin de moi, pleinement et irrémédiablement attaché à ma condition d'homme.

Visite

A ma grande surprise, la personne qui discutait dans le couloir cesse de parler et surgit dans ma chambre.

Un homme d'âge moyen — peut-être la quarantaine ou un peu plus — se présente à moi comme visiteur des malades. Il ajoute qu'il est prêtre.

Je ne sais pas ce qui monte — ou s'effondre — alors en moi. J'essaie d'articuler quelques mots mais c'est un flot de sanglots qui s'échappe de ma gorge.

Je me mets à pleurer comme une fontaine.

Déconcerté par l'événement qu'il vient, bien involontairement, de provoquer, le prêtre tente de m'interroger, timidement et de me faire dire ce qui me trouble et m'agite à ce point. Il sait que les Urgences recueillent des malades en danger. Mais mon brusque déluge de larmes le désarçonne.

Au bout de plusieurs minutes, nous réussissons finalement à dialoguer. Je lui explique à grands traits et très sommairement, les différentes pathologies qui m'ont amené ici, sans entrer dans les détails. Il m'écoute avec attention, sans m'interrompre par des paroles superficielles et inutiles. Il n'essaie pas de me consoler. C'est pour moi un signe de respect et de sincérité.

Nous parlons ainsi pendant un long moment. Pleurer m'a fait énormément de bien. Une sorte de trombe intérieure m'a lessivé émotionnellement. J'en avais un incommensurable besoin. Je refoule depuis si longtemps d'immenses chagrins bloqués en moi. Cette énergie rentrée qui affecte mon équilibre, doit s'évacuer.

Les émotions peuvent nous étouffer, nous asphyxier et nous abattre.

Je n'ai jamais pu me vider de certaines d'entre elles, ou si peu que j'ai l'impression qu'il me faudrait pleurer encore pendant un siècle pour me libérer enfin de leur poids.

La douleur de l'embolie, la souffrance morale de cette nouvelle épreuve totalement inattendue, faisant suite à l'intervention si lourde que je viens de subir et de la longue hospitalisation qui l'a suivie, tout cela remue des vases enfouies sous les flots qui les ont déposées, au fil des années précédentes. Les sédiments de la colère, les sables de la frustration, les graviers de la déception, les boues du sentiment d'avoir été trahi, les strates des attentes désespérées, tous ces sinistres déchets forment un mille-feuille de chagrin et de détresse noirs qui alourdissent mon esprit et tirent ma vie vers des bas-fonds de dépression.

Mon corps — que je n'ai pas ménagé — l'a payé au prix fort.

Le prêtre me parle un peu de la vie et me fait parler de la mienne. Je lui laisse entendre que je n'ignore pas la cause sous-jacente de mes divers maux. Que je n'en accuse personne. Que je n'en veux pas à ceux qui y ont contribué, que je prie pour tenter de m'en défaire. Que ce n'est pas facile.

Il me parle du Saint-Esprit et de la confiance que je peux lui accorder. Il me remet une prière à Lui adresser. La demi-heure passée avec ce prêtre me fait beaucoup de bien en me permettant de me vider d'une pesanteur intérieure ancienne, persistante et récurrente.

Hospitalisation - bis

L'après-midi même, une ambulance me transporte à la clinique C. Bien secoué par les chaos, la route me paraît longue. La chaleur est dense. Une chambre m'attend en cardiologie où je suis immédiatement pris en charge. Le docteur Pr... passe me saluer. Il m'annonce la visite de son collègue cardiologue — le docteur Bi... — qui me rendra une courte visite un peu plus tard. Il me confirme que mon traitement consiste essentiellement en injections d'anticoagulant. Que ma prise en charge a été efficace et surtout que je suis désormais hors de danger.

Le lendemain matin, une infirmière vient me chercher avec un fauteuil roulant pour me conduire au cabinet de cardiologie pour une consultation. C'est à l'étage au-dessous. Je tente de lui dire que je ne dois pas mettre mes jambes autrement qu'horizontales. J'affirme péremptoirement que le médecin des urgences l'a prescrit pour au moins 48 heures. Mais l'infirmière réplique que le docteur Bi... a donné comme consigne que je peux m'asseoir. Qu'il n'y a aucun risque.

Bon. Comme la veille à la radiologie pulmonaire, j'obtempère. Je prends place sur le fauteuil, m'attendant, à chaque seconde, à sentir ma poitrine se bloquer sous l'effet d'un caillot de sang et ma vie s'interrompre subitement. Toujours fataliste. Il ne se passe rien.

Couloir. Ascenseur puis encore couloir : j'entre dans le cabinet du docteur Bi... qui m'accueille chaleureusement. Lorsque je fais état de mes doutes quand à la station assise, il rit et me dit que je ne risque rien car je suis sous anticoagulant. Je le juge bien imprudent, mais comment contester l'avis d'un spécialiste ?

L'examen du cœur se révèle encourageant. Il n'a pas trop souffert de cet incident et ne s'est pas dilaté. On le vérifiera à nouveau à la fin du traitement pour s'en assurer mais ce premier examen se révèle déjà très positif.

Après quelques jours passés à la clinique, je rentre à la maison avec un nouveau traitement d'anticoagulant et surtout un contrôle quotidien de mon INR — indice de coagulation du sang. Ces contrôles durent quelques semaines, en s'espaçant au fil des jours. Je porte désormais des chaussettes de contention, à vie.

Les contrôles ultérieurs ont montré que cette embolie ne me laisse aucune séquelle cardiaque. Par bonheur. Quelle chance ! Dans le cas contraire, fini le pilotage d'abord. Et toutes les autres activités auxquelles j'entends bien encore me consacrer.

Je prends aujourd'hui conscience de l'immense bienfait qui m'a été accordé par cette guérison aussi salvatrice qu'inattendue.

*

NUIT D'EMERAUDE

Rideau noir
Nous allons nous quitter. Je ne veux pas le faire sans vous livrer une dernière confidence.

Vous souvenez-vous du soir où, la douleur me vrillant le bas du dos au niveau du poumon gauche, je renonçai à me rendre aux Urgences hospitalières ? Je me lovai alors sur ma brûlure dorsale en me calant, le plus confortablement possible, au fond de mon lit dont je décidais de ne plus bouger jusqu'au petit matin.

A mon réveil, je m'aperçois qu'un rideau noir a recouvert mon sommeil d'une chape de plomb. J'ai dormi d'un seul trait, profondément, imperméable à toute sensation, à toute image, tout souvenir, tout rêve. *Je ne me suis pas éveillé une seule fois.* Ce qui ne m'arrive plus jamais depuis des années. Mon sommeil semble s'être ancré dans une profondeur puissante et totalement réparatrice. Ma surprise est immense. A un point tel que je m'interroge réellement sur ce qui a pu se produire alors sans que la moindre réponse ne parvienne à mon esprit...

Que se passa-t-il réellement ?

Je n'eus pas la réponse immédiatement.

Quelques semaines passèrent.
Régulièrement, cet épisode me revenait à l'esprit, me poussant à m'interroger sur l'invraisemblance de cette nuit du *rideau noir*, si bien que je décidai de m'en enquérir auprès d'Angelo, mon guide, pour tenter d'en percer le mystère.

Voici ce que j'appris :

Sitôt placé entre mes draps, ma conscience fut instantanément aspirée dans un tourbillon. Une colonne d'énergie douce et puissante m'arracha à moi-même et, dans un souffle, me propulsa au cœur d'une sphère de silence et de paix.
Totalement coupé de mon corps et de l'inquiétude suscitée par la brusque douleur qui venait de m'assaillir, je pris place tout naturellement dans une bulle de sérénité comme dans ma propre maison. Une ambiance ouatée, fluide, dépourvue de limite et même de dimension propre, m'entoura, m'installant dans une quiétude totale, parfaite.
Ma conscience connaît déjà ce « lieu ». Je le ressens comme un refuge, un isoloir, hors de l'espace et du temps, un oasis de douceur absolue.
Je m'y réfugie sans y penser, au creux d'un havre de repos, saturant le vide de ma propre présence.

Ma quiétude est alors totale. Je ne pense pas, ne m'interroge pas, ne cherche aucune explication à mon isolement ici, aussi insolite qu'il puisse paraître eu égard à la situation qui, au même instant, m'est échue sur la Terre, laquelle est à présent si loin que je ne me demande pas pourquoi je l'ai si vite abandonnée. Je suis en rupture totale avec le temps et avec mes préoccupations de vivant terrestre.

Une fine brume de lumière verte, nourrissante, vivifiante, à la fois diaphane et transparente, baigne chaque parcelle de vie imprégnant ce lieu. Le silence m'entoure d'un murmure discret, comme l'écho amical de mes propres pensées.

Tout semble s'être arrêté là tel un oiseau dont le vol s'est suspendu, parvenu au havre de son nid. Ma présence en ce lieu n'a pas connu de début ; et sa fin semble ne devoir répondre à aucune nécessité, ni limite, ni terme.
Je ne me pose aucune question. J'ignore d'où je viens et n'ai nul but à poursuivre. Nul besoin, nulle attente.
Suis-je seul ?
Je l'ignore car ce qui est « là » me remplit de tout ce par quoi je pourrais être attiré. Ce vide m'absorbe à la manière d'une plénitude.

Lorsqu'il m'est donné d'accéder mentalement à la mémoire de cette expérience, je ne perçois dans mon esprit aucune pensée. Pourtant, des images s'immiscent en moi. Fugaces, passagères, dépourvues de logique apparente, elles ne troublent pas la sérénité lisse et parfaite que m'apporte cet asile.

C'est alors que la voix de mon Guide s'élève au-dessus de moi :
— Tu as été projeté dans ce lieu par l'Esprit qui te gouverne. Tu l'as compris, cet espace t'est déjà familier. Tu l'as fréquenté de nombreuses fois… En diverses circonstances que ton inconscient supérieur connaît.

Ces mots me font entrevoir des séquences lointaines de méditation paisible et profonde, de prière, de consolation, de fuite ou fugue, de retranchement hors d'un cycle d'épouvante et de malheur, de repos, de chagrins déversés en cascades infinies. Des ressacs de douleur épouvantable alternent avec des flux de joie intense, puissants et inimaginables. Refuge intemporel, ce lieu abrite périodiquement mes retours sur moi-même, heureux ou désemparés. Mon Esprit Supérieur l'a créé à ces fins.

— Cette fois, tu as été dirigé ici grâce à la diligence de tes *médecins astraux*.

— Médecins astraux ?

— Ceux qui ont veillé à la bonne fin de ton intervention chirurgicale récente. Tu les as vus tantôt. Micael était à leur côté. Ils n'étaient pas seuls. Plusieurs de tes parents les accompagnaient.

— Quels parents ?

— Tu es entouré d'entités qui te connaissent bien. Vous avez vécu ensemble de nombreuses et tumultueuses aventures. Ces êtres suivent ton parcours terrestre actuel. Ils t'aident et te soutiennent. L'un d'eux te fut proche, il y a plusieurs décennies ; il est décédé très jeune.

Fouillant en hâte ma mémoire trop fortement sollicitée, je ne retrouve pas trace de ce proche qui doit pourtant bien avoir existé, si Angelo le dit. Il ajoute :

— Tu étais atteint d'une thrombose. Un caillot de sang s'est logé dans ton mollet gauche durant les jours qui ont suivi ton opération, malgré les injections d'anticoagulant. Il a épaissi. Il était sur le point de se détacher et de migrer vers le cœur où il allait provoquer un accident irrémédiable.
Nous le savions.
Nous l'observons depuis le début de sa formation et ce sont tes amis médecins qui ont décidé d'intervenir avant qu'il soit trop tard. Profitant de ton sommeil, durant ta sieste de l'après-midi, ils t'ont informé de leur prochaine intervention. Opération délicate nécessitant une grande expertise en même temps qu'une connaissance précise des systèmes circulatoires – sanguins et

lymphatiques – et de leurs connexions aux réseaux énergétiques sous-jacents. Certains de ces médecins sont en train de devenir des spécialistes de techniques qu'ils expérimentent pour l'avenir... Ils ont acquis une science approfondie des mécanismes vitaux qu'ils s'entraînent à traiter par des méthodes mixtes, à la fois matérielles et immatérielles. Spirituelles...

Les paroles de mon guide me fascinent.
Je découvre que j'étais alors en danger de mort et totalement insouciant...
Lorsque je me suis réveillé de ma sieste, les confidences de mes médecins « astraux » se sont instantanément évaporées de ma mémoire sans me laisser le moindre souvenir, tandis que je revenais à mes activités en totale inconscience de ce qui m'attendait.

Mon interlocuteur s'est tu.
Ecoute-t-il mes interrogations, mes digressions ?
Je n'ose poser d'encombrantes questions et tente timidement de « deviner » la suite : mes *soigneurs* ont connecté leur assistance énergétique à mon système circulatoire afin d'abord de stopper la progression du caillot puis de le dissoudre.
Leur technique - qui s'apparente certainement à celle du docteur Lang - révèle une puissance et une efficacité exceptionnelles. Malgré l'intense douleur que j'ai ressentie à deux reprises, l'absence de signes patents de mon affection atteste que l'assistance énergétique qui me fut prodiguée a opéré avec une réussite totale. Ainsi, le médecin urgentiste a eu le plus grand mal à déceler les symptômes de l'embolie dont le scanner a établi l'importance et l'étendue : bilatérale.
A ce moment-là, j'aurais normalement dû présenter d'importantes déficiences respiratoires et du rythme cardiaque ; j'aurais dû m'écrouler *raide mort* devant la vitre de l'appareil à rayons X ;

mon muscle cardiaque aurait dû être mis à mal par l'épaississement du sang chargé de caillots, ce qui se traduit habituellement par une dilatation persistante, parfois définitive.
Ce ne fut pas le cas.
Quelle reconnaissance je dois aujourd'hui à mes bienfaiteurs, amis et parents !
Je me prends à penser que leurs interventions furent réalisées avec une telle pertinence que ma guérison aurait été assurée même si je ne m'étais pas rendu aux urgences hospitalières.

J'en suis ébahi.
Des larmes m'inondent. Une nouvelle fois. Pas la dernière.
Je n'ose émettre aucun commentaire. Mon émotion submerge mes pensées. Un violent embarras me saisit à la gorge. Une sorte de honte : qu'ai-je fait pour mériter autant de soins ? A quoi dois-je une telle faveur ? Quel est mon mérite ?

La voix reste muette au-dessus de ma déroute, mes questions et mon trouble. Pendant ce temps, mon esprit et mes yeux se sont brouillés. Je baigne dans la confusion.
Mon guide m'a-t-il quitté ?
Non. Sa voix m'interpelle :
— Ne veux-tu pas connaître la cause de ces événements ?
Embarrassé, honteux, confus, je n'ose plus rien demander.
— Je suppose que ce sont de simples séquelles de mon intervention, n'est-ce pas ?
— Pas seulement. Cet incident a une origine karmique.

Je m'attendais à bien des révélations mais celle-ci me cloue sur place. Il est vrai que le hasard n'existe pas. J'en reprends conscience. On m'en a déjà instruit. Qu'un accident circulatoire aussi sérieux que l'embolie pulmonaire résulte de facteurs programmés n'a rien d'étonnant. Mais son origine karmique signifie autre chose.

Me voilà aux prises avec une toute autre série de questions. Je me croyais quitte de ma charge karmique après la première épreuve que j'ai due affronter un peu avant le début du présent millénaire. Épreuve d'un niveau difficile à concurrencer...
J'imaginais que ma deuxième confrontation avec un châtiment exemplaire — celle qui m'a conduit sur la table d'opération — pouvait avoir purgé les quelques séquelles restant en suspend des fautes dont j'avais à m'amender.
Mais l'embolie signifiait qu'il restait, dans les tiroirs de mon passé, des ombres épaisses et denses à éliminer, sauf à ce que je sois éliminé moi-même à défaut d'y satisfaire.

Voilà où me conduisent, alors, mes funestes déductions.

Qu'ai je donc accompli d'autre qui ait pu se coaguler en moi sous la forme d'un caillot prêt à me foudroyer dans une mort brutale et subite ? Cette dernière était-elle inscrite et programmée dans le prolongement de l'intervention des chirurgiens, comme un ultime sursis d'adieu à tous mes proches qui m'aurait été accordé ? Pourquoi n'a-t-elle pas plutôt eu lieu au cours même de cette précédente opération ?

N'ignorant pas complètement ce qu'est le karma – la conséquence directe de nos actes accomplis au cours de situations anciennes, lors de nos existences passées — j'espère recevoir un peu plus de précisions et quelques détails de l'histoire qui a généré un tel déficit de ma part.

Angelo me remet en mémoire ce dont il m'avait déjà instruit antérieurement :

— Il y a fort longtemps… Une partie de toi même s'est retournée contre la vie que tu portes. Ce retournement relève d'actes passés à travers lesquels tu as détruit ce que tu avais voulu, désiré et construit. Tu as rendu à la négativité ce qui était promis au succès et à l'épanouissement. Tu as trahi ta parole, tes promesses et la confiance de ceux qui étaient engagés avec toi dans ces œuvres. Tu as ramené à toi ce qui était dévolu à autrui. Tu as détruit dans l'œuf une des plus belles réalisations qui t'avait été confiée par ceux qui l'avaient créée, alors qu'elle ne t'appartenait pas.
Je me souviens de cette discussion. Il ajoute :

— Nous n'avons pas lieu de t'en dire davantage. Les détails de ces faits n'ajouteraient rien à la situation. Sache simplement que chacune des épreuves que tu subis, depuis la date fatidique que tu connais, date précisément inscrite à l'agenda de ton existence — mai 1997 — est la copie exacte d'actes et d'événements que tu as toi-même accomplis et fait vivre à autrui au cours d'existences anciennes. De plus, ceux que tu avais trahis et trompés et qui ont eu à souffrir de tes forfaits, étaient — et pour certains sont toujours — des proches, des êtres qui t'avaient accordé leur entière confiance et leur fidélité. Ils t'aimaient et tu les as bafoués ; tu leur as menti, tu les as abusés, exploités et dépouillés de la pire des façons.

Le moment est venu pour moi de comprendre les véritables motifs de la chute que j'ai si injustement subie il y a quelques années.
Dans une existence passée, étant responsable d'une importante institution politico-religieuse, j'ai trahi ceux qui avaient placé en moi toute leur confiance — comme j'ai été trahi par ceux-là même que j'avais servis et promus avec une abnégation totale… Et la descente aux enfers qu'ils m'ont infligée devait s'achever par ma

mise à mort sous les fragments d'un perfide caillot formé dans mon mollet gauche puisque ma tumeur avait été conjurée par les chirurgiens.

Mon exécution était donc programmée à plusieurs détentes. Aucune chance pour moi d'échapper au destin que j'ai sans doute imposé, il y a fort longtemps, dans une autre vie, aux êtres qui se fiaient à moi. Certains d'entre eux, en effet, ont vu leur vie brisée net et sont sans doute morts des suites de la terrible déception que je leur avais infligée. Cela se produit hélas souvent dans nos aventures terrestres.

J'imprime en moi la leçon. Confirmation du soupçon que j'ai nourri au fil des années ayant suivi ma crucifixion professionnelle, deux décennies plus tôt.

Ainsi, je fus, moi aussi, en un temps lointain, la même fripouille que furent la demi douzaine de traîtres, de menteurs et de scélérats qui m'ont vilipendé, traité comme un paria, rejeté et cloué au pilori sans avoir la moindre faute à me reprocher, n'ayant qu'à se louer de mes services et de mes réalisations. Je leur avais procuré succès, réussite et prospérité. Même traîtrise, mêmes mensonges, même malveillance !

Vérité

Il a fallu que j'entende la vérité sur moi de la voix de mon guide. Je découvre à mon égard ce que j'ai toujours su à l'égard d'autrui. Il est si facile de reconnaître les autres coupables en s'imaginant soi-même virginal, innocent !

Ma vérité surgit en moi implacable, incontournable, irrémédiable. Elle m'atteint de plein fouet. Il ne me reste plus qu'à l'accepter, la recevoir comme un glaive justicier, le couperet réparateur, l'équité sous forme de sentence.

Je ne suis qu'un coupable châtié, comme un autre et bien sonné de l'apprendre.

La voix s'élève à nouveau :
— Te croyais-tu au-dessus de la Loi universelle ?

Certes non ! Moi ? Défier Dieu ? Affronter notre Père céleste, notre Créateur, le Maître de nos vies ? Pas une seconde je n'y ai songé.

La voix précise :
— Ayant accompli, en pleine conscience, une grave injustice, tu as eu à subir la même iniquité aux conséquences analogues. C'est la Loi. Celle qui régit toute vie soumise à ses propres déterminations, quelle qu'en soit la nature. *« Celui qui infligera le feu, périra par le feu. Ceux qui brandiront l'épée, périront par l'épée. »*

La leçon est claire. Reçue cinq sur cinq. Avec une telle puissance que j'en oublie l'ultime question qui en découle : pourquoi ai-je été épargné ? Cette embolie circulatoire ne constituait-elle pas l'étape fatale dans la suite logique de mon châtiment ? Pourquoi la mort qui m'était inéluctablement promise m'a-t-elle été évitée ?

Mon guide laisse planer cette question en moi pendant un très long moment. Peut-être attend-il que j'y réponde moi-même.
Longuement je m'interroge. Très longuement.

Voici les réflexions que je me suis faites et les réponses auxquelles je suis parvenu :

De nombreuses fois, au cours de ma vie actuelle, je me suis adressé à notre Père, le priant de m'accorder une grâce : ne pas m'ôter la

vie tant que je n'aurai pas achevé la tâche que je me suis assignée comme but de ma présente existence.
Il s'agit en particulier du devoir de réparer tous les torts, toutes les fautes, tous les manquements auxquels je me suis soumis tout au long de mon parcours terrestre, ce dont j'ai pris conscience avec une acuité renouvelée, il y a maintenant vingt cinq ans, au moment fatidique de la rupture, l'événement le plus déstabilisant que j'ai vécu juste après ma cinquantième année, alors au sommet de ma vie.

J'ai encaissé le choc d'une injustice terrible, totalement inacceptable et incompréhensible. Cet événement m'a frappé à contre courant de tout ce que j'avais accompli jusque là. Je n'avais rien fait pour le mériter. J'ai tout tenté pour amener les auteurs de cette énormité à reconnaître leur erreur et à la réparer eux-mêmes ; ce que naturellement je n'ai pas obtenu.

Il m'a fallu plusieurs années pour digérer la noirceur qui a pris alors possession de moi. Les raisons de cette injustice absolue m'échappaient complètement. Elles demeuraient parfaitement irrationnelles à ma naïveté.
J'ai alors beaucoup réfléchi.

Ma première bonne intuition a été de me dire que je devais maintenant *accepter* ces événements que je ne pouvais pas changer. La vie m'appelait à poursuivre ma route. Alors, mieux valait accepter plutôt que persister à pester contre l'injustice.
Immédiatement, mon regard sur moi-même a commencé à évoluer. Puis, au fil des années, je me suis mis à envisager ces faits atroces sous une lumière différente : et si la cuisante punition qui m'a été infligée avait pour origine des actes commis au cours d'une autre existence, une vie « antérieure » ?

Cela expliquerait tout.
D'autant qu'une certitude m'animait alors : notre Père ne nous frappe pas sans raison. Et même sans *bonne* raison.

Hélas, mes vies antérieures ne m'étaient pas accessibles. La mémoire de nos vies antérieures repose loin de la conscience, dans notre *Moi profond,* notre inconscient historique. Elle n'est pas perceptible à l'état de veille ordinaire.

J'ai attendu et espéré une confidence de mon guide. Il est resté silencieux. Ou je ne l'ai pas entendu...

Le temps s'est écoulé : ma convalescence psychologique puis mon acceptation complète et enfin mon apaisement mental. Environ dix années.
La douleur qui avait pris place au niveau de mon *chakra* du coeur a fini par m'être ôtée. J'en remercie Marie, à qui je dois cette nouvelle grâce.

Enfin, j'ai fini par élaborer l'hypothèse que les véritables raisons de l'injustice que j'avais subie reposaient dans ce que j'avais infligé à mes plus fidèles compagnons, dans une situation en tous points semblable à celle que j'ai connue à mon tour.
Je fus vraisemblablement le même prédateur que ceux qui m'ont traité de cette façon-là, sans vergogne, sans scrupule, en contre-témoignage de tout ce que je dispensais moi-même dans mes paroles.
Dans cette hypothèse, le mal qui m'avait été fait n'était que justice et je devais pour le moins l'accepter puis pardonner les pauvres individus qui s'étaient acharnés contre moi avec hargne et brutalité.
Plus encore, je devais remercier notre Père de m'avoir enfin donné la chance et l'occasion de purger cet ancien passif qui sommeillait

au fond de moi et, vraisemblablement, constituait une faiblesse susceptible de mettre à tout moment ma personnalité en défaut.

Au cours des années de ma lente progression vers ces prises de conscience, je m'efforçais de digérer et d'évacuer les bourrasques d'énergie négative que j'avais emprisonnées dans toutes les zones de mes différents corps : dense et subtils. Je sentais ces énergies de la colère, de la culpabilité et de la frustration bouillonner en moi.
Elles m'entravaient dans une foule d'actions, de relations, de démarches qu'il m'était devenu infiniment pénible et périlleux d'accomplir. Les exemples en sont si nombreux que je ne puis les énumérer.

Heureusement, je réussissais à combattre mon mal par le travail physique. Mon squelette et mes muscles n'étaient pas atteints. C'étaient principalement mon cerveau, mes organes digestifs et mon système circulatoire qui étaient affectés par la dépression et le stress qui m'avaient envahi.

À tout moment, je me demandais non pas *si*, mais *quand* arriverait la tumeur fatale qui ne manque quasiment jamais d'apparaître sur les terrains minés par un séisme psychologique de cette envergure.

C'est en 2010 qu'elle se manifesta. Le deuxième choc était là. Une hémorragie subite révéla, dans un de mes organes, la faille prête à envahir cette fois tous mes tissus et à faire basculer ma vie dans une destruction inévitable.
L'incident n'arriva pas seul. Il fut simultané à un événement financier du genre de ceux que l'on pourrait, avec méchanceté, souhaiter à son pire ennemi. Ce que je me suis toujours bien gardé de faire. Nous n'en dirons pas davantage sur ce sujet qui est et me restera totalement confidentiel.

Cette année-là, je vis pour la deuxième fois ma vie chavirer.
C'est ce chavirement qui me conduisit, vous l'avez lu dans ces précédentes pages, « aux portes de la mort », allongé sur une table d'opération où je reçus, par la bénédiction à la fois du Ciel et de la chirurgie terrestre, les soins les plus efficaces que je pouvais espérer.

A la suite de l'embolie pulmonaire qui aurait normalement dû m'emporter mais qui, miraculeusement, m'épargna à nouveau, je me pris à penser que l'histoire était achevée. Ma santé se rétablissait. Plus de symptômes ni d'alerte inquiétants. Une vie quasiment normale et même plusieurs chantiers successifs m'indiquèrent que ma vie pouvait continuer « comme avant », si j'ose dire. Je remerciai le ciel de sa clémence, en particulier Marie dont l'indulgence et la sollicitude n'ont cessé de me suivre, me soutenir et me faire avancer.

Tout est-il enfin réglé ?
Ai-je apuré mes comptes et soldé tous les crédits de mon passé ?

Non.

La ligne de crédit de mon compte « astral » reste débitrice.
Je l'ignorais. Mais comment le savoir ?

Je l'ai appris lorsque j'ai vu revenir, il y a un an, une nouvelle tumeur et une nouvelle agression financière, exactement de même nature que les précédentes, une dizaine d'années auparavant.

Mêmes maux, mêmes menaces, mêmes risques.
Mêmes réponses ?
Pas tout-à-fait.

Je comprends immédiatement que ce retour de bâton ne doit rien au hasard, ce que mon guide me confirme sans hésiter.

Il me vient à l'idée que l'alerte qui m'a été lancée en 2010 n'a pas reçu, de ma part, la réponse attendue.
Je me suis endormi sur ce que je croyais être des lauriers conformes à mes mérites. Erreur.

Juin 2022
Une tache brune, large et épaisse, est apparue sur ma hanche gauche. Je la découvre en me lavant. Immédiatement, je me dis qu'il faut consulter. Je suis hors de chez moi pour plusieurs semaines et aucun des médecins que je contacte n'a de place pour me recevoir. Je reporte à plus tard cette consultation médicale que je sais indispensable mais que je finis par enterrer complètement. Je fais l'autruche en me disant « on verra bien ».
On a vu.
Mi-octobre 2022, au milieu de la nuit, c'est mon meilleur ami, Angelo, qui sonne l'alerte :
— Tu as un cancer, me dit-il, au terme d'une séquence que je m'abstiendrai de décrire ici, car elle n'ajouterait rien d'important à ce témoignage.

Dès le matin, je file à la clinique où je suis habituellement suivi. Le médecin qui m'ausculte me donne aussitôt une lettre à remettre à son collègue dermatologue de l'hôpital le plus proche. Je m'y rends l'après-midi même. Le surlendemain, la tumeur m'est enlevée et son analyse révèle sa malignité. Nouvelle exérèse deux semaines plus tard. On creuse un peu plus large, un peu plus profond et on analyse. La malignité est confirmée. Le mal est bien là.

Terrible constat auquel je m'attendais mais qui m'affecte particulièrement. Je me croyais quitte de ce genre de pathologie. Ma vie avant été épargnée onze ans plus tôt. Pourquoi devoir tout recommencer aujourd'hui ? Quel sens dois-je y voir ?
Je ne comprends pas.
Mon ange gardien ne me fournit pas d'explication claire mais il accepte de m'aider à comprendre.

Je ne parviens toujours pas à clarifier l'énigme que j'avais soulevée à la sortie de mon embolie pulmonaire :
— Pourquoi ne m'a-t-on pas laissé mourir alors ?
— Parce que ce n'était pas ton heure ! M'a-t-on répondu.

Si ce n'était pas mon heure, pourquoi ce retour de bâton ?

Parce que j'ai demandé à notre Père de ne pas me laisser mourir tant que je n'aurai pas soldé mes comptes ouverts dans ses livres.

Quelle est donc ma dette écrite dans le Grand Livre de notre Père ?

L'avez-vous deviné ?

Je vais vous éclairer. Souvenez-vous de ma promesse :
Père très bon, je te supplie de ne pas me laisser mourir tant que je n'aurai pas réparé tous les torts que j'ai fait supporter à mes tiers, au cours de cette vie, ainsi que tous ceux qui restent non-soldés de mes vies précédentes. Je t'implore et m'engage à accomplir ma promesse si tu m'accordes cette grâce.

Je me suis entretenu de cela avec mes protecteurs, mes anges médecins et mon admirable ange gardien. Ils m'aident de toute leur puissance spirituelle, m'assistent de leur bienveillance, de leurs conseils, d'une façon telle que je n'ai aucune excuse de négliger l'accomplissement des engagements auxquels j'ai souscrit.
Aucune excuse.

Depuis cet événement qui m'a une nouvelle fois bousculé sans ménagement, j'ai pris un certain nombre de dispositions, cette fois fortes et définitives.

Par l'entremise d'Angelo, j'ai eu la chance et le bonheur de rencontrer une entité qui m'a fourni de nouvelles et puissantes instructions. Permettez-moi de taire son nom. Cette belle âme ne souhaiterait pas que je la nomme.

Mes nouvelles résolutions se réfèrent à cette célèbre phrase de Matthieu (16 : 24) :
« Alors Jésus dit à ses disciples : Si quelqu'un veut venir après moi, qu'il renonce à lui-même, qu'il se charge de sa croix, et qu'il me suive. »

J'y ajoute : chaque jour…
…***Se repentir*** pour toutes les fautes que nous avons commises, nous tous, aujourd'hui, hier, et tout au long de nos innombrables péripéties.
Demander pardon à tous les êtres que nous avons blessés, volontairement ou par mégarde, et prier le Christ, notre Seigneur et Rédempteur, de réparer pour nous toutes les blessures que nous avons infligées en nous faisant payer le prix de leur réparation.

Pardonner à tous ceux qui nous ont blessés, quels qu'en soient la cause et les motifs, et implorer notre Père de ne pas leur tenir rigueur de leur injuste cruauté.

Offrir, chaque jour, notre ascèse et nos mortifications en compensation des fautes accomplies par nos frères, nos soeurs, tous les êtres auxquels nous sommes reliés par notre corps, notre âme et notre esprit ainsi qu'à tous les enfants que notre Père reconnaît comme siens.

Demander à Dieu-Esprit saint ainsi qu'à Marie, mère du Christ, de sanctuariser le corps physique de chacun de leurs enfants en lui apportant la guérison de tout mal, d'harmoniser nos corps subtils en les alignant sur la Loi de notre Père, et de purifier notre esprit pour qu'il retrouve la blancheur immaculée de sa création.

Voilà à quoi se résument les résolutions auxquelles je suis désormais attaché, par mes engagements, à les observer quotidiennement, dans chacune de mes paroles, de mes intentions et de mes actions.

Discipline âpre mais sublime. Mon nouveau chemin.

FIN

Table des matières

Prologue 8
1 – Micael 11
II – Itinéraire 49
III – Émile 111
IV – Ciam 138
V – Le Départ..144
VI – Épilogue 152
AFTER 163
NUIT D'EMERAUDE..188